Karl Löwith

Fiala

Die Geschichte einer Versuchung

Über dieses Buch

Das Manuskript des *Fiala* datiert vom September 1926, verfasst drei Jahre nach seiner Dissertation über Nietzsche und zwei Jahre vor seiner Habilitation über *Das Individuum in der Rolle des Mitmenschen* (1928) bei Martin Heidegger. Im Gegensatz zu seinem zweiten Lebensbericht – 1940 in Japan geschrieben – stammt dieser erste von einem jungen Philosophen, der noch auf der Suche nach seiner Identität ist. Der Text präsentiert sich als moderne Erzählung, die verschiedene Lebensereignisse des Autors locker aneinander reiht.

Warum diese Buch erst 92 Jahre später erscheinen kann, lässt sich nicht leicht erklären. Bisherige biographische Darstellungen Karl Löwiths (1897-1973) gehen meistens von seinem zweiten Lebensbericht *Mein Leben in Deutschland vor und nach 1933* von 1989/2007 aus. Zum Verständnis des Philosophen ist der *Fiala* eine notwendige Ergänzung. Mit seiner Publikation ist die Hoffnung verbunden, dass er eine Löwith-Renaissance einleiten kann.

Der Autor

Karl Löwith wurde 1897 in München geboren. Seine Eltern, beide jüdisch, waren der Kunstmaler Wilhelm Löwith und dessen Ehefrau Margarete Löwith, geborene Hauser. Nach achtmonatigem Krankenlager und zweijähriger Kriegsgefangenschaft kam er 1917 zurück nach München und begann mit dem Studium der Biologie und Philosophie an der Universität München. 1919 wechselte er nach Freiburg und studierte weiter bei Spemann, Husserl und Heidegger. 1928 habilitierte er sich bei Martin Heidegger in Marburg und lehrte dort Philosophie, bis er 1933 als Jude geächtet und ihm 1935 der Lehrauftrag entzogen wurde. Nach 19 Jahren der Emigration in Japan und den USA – Lehrtätigkeiten in Sendai, Hartford (Theologisches Seminar) und New York (New School for Social Research) – kehrte er nach Deutschland zurück und lehrte seit 1952 als Ordinarius der Philosophie in Heidelberg. Er wurde 1964 emeritiert und starb am 26.05.1973 in Heidelberg, wo er auch beerdigt ist.

Karl Löwith

Fiala

Die Geschichte einer Versuchung

Herausgegeben und mit Vorwort und Nachwort
versehen von Klaus Hölzer

vta

Impressum

Die Deutsche Nationalbibliothek verzeichnet diese Publikation in der Deutschen Nationalbiographie; detaillierte bibliographische Daten sind im Internet über http://dnb.dnb.de abrufbar.

1. Auflage Januar 2019

Dr. Gerald Mackenthun, Eberbacher Str. 4, 14197 Berlin, 030 8227813

Email: verlagta@gmail.com; www.verlag-ta.de

Druck und Vertrieb: Books on Demand GmbH
In de Tarpen 42, 22848 Norderstedt

Ein Teil der Auflage wurde gedruckt bei: Bookpress.eu, Olsztyn, Polen

Covergestaltung: deblik, Berlin

Lektorat, Satz und Layout: Hartmut Siebenhüner, Berlin

ISBN 978-3-946130-18-5

Über den Herausgeber:
Dr. Klaus Hölzer, Psychotherapeut für Einzel-und Gruppentherapie, geboren 1938, langjährige Mitarbeit am Institut für Tiefenpsychologie, Gruppendynamik und Gruppentherapie (Leitung: Prof. Dr. Dr. Josef Rattner)

Inhalt

Vorwort

Fiala, Die Geschichte einer Versuchung ist ein erster Lebensbericht des Philosophen Karl Löwith, und zwar in der Form einer Erzählung, ergänzt um einen Briefwechsel, Tagebuchnotizen und essayistische Passagen. Der 1897 in München geborene Autor, eine der herausragenden Persönlichkeiten der deutschen Nachkriegsphilosophie, berichtet über seine persönliche und philosophische Selbstfindung in den Jahren 1914 bis 1933. Zentrale Gedanken seines späteren Werkes wie Mitwelt, Ethik, Freundschaft, Skeptizismus und Heidegger-Kritik, Natur, gottloser Kosmos und Geschichte finden sich bereits in dieser Schrift von 1926. Das Manuskript liegt beim Deutschen Literaturarchiv in Marbach, und die Publikationsrechte erteilte Frau Adelheid Krautter, der ich dafür danke. Warum die Arbeit erst 2018 publiziert werden kann, ist eine offene Frage.

Zahlreiche Eigennamen sind entweder durch einen Buchstaben oder eine Anonymisierung gekennzeichnet. Die Neuauflage von Löwiths zweitem Lebensbericht: *Mein Leben in Deutschland vor und nach 1933*, 2007 von Frank-Rutger Hausmann herausgegeben, ferner der 2017 erschienene Band *Martin Heidegger – Karl Löwith Briefwechsel 1919-1973*, beide mit ausführlichem Namensregister, haben es weitgehend möglich gemacht, die wirklichen Namen der beteiligten Personen ausfindig zu machen. Dafür danke ich den verantwortlichen Herausgebern Frank-Rutger Hausmann, Alfred Denker und ihren wissenschaftlichen Mitarbeitern.

Im Interesse des heutigen Lesers wurde die Interpunktion den heutigen Gepflogenheiten angepasst. Originelle Wortschöpfungen Löwiths wurden beibehalten. Eine größere Streichung innerhalb des Heidegger-Porträts ist aufgehoben, wurde aber im Text kenntlich gemacht.

Klaus Hölzer

FIALA – Geschichte einer Versuchung

Von Karl Löwith

VORAUSSETZUNGEN

Fiala, der Held dieser Erzählung, unterscheidet sich von den erdichteten und erdachten ‚Helden' wesentlich dadurch, dass er überhaupt kein Held, sondern ein geborener Flüchtling war. Dass er ein Flüchtling war, wusste niemand so gut wie er selbst, seinen Mitmenschen aber galt er als ein ‚begabter junger Mann', als ein Vielversprechender, der früh gereift seinen zwar etwas einsamen aber doch sicheren Weg ging. Das einzig Auffallende waren an Fiala seine empfindliche Leidenschaft für exklusive Freundschaften und die zähe, fast verbissene Kraft seines Denkens. Seine außergewöhnliche Intelligenz äußerte sich aber weniger im Durchdringen der Welt als im Bespiegeln seiner selbst. Fialas Exklusivität im Umgang mit anderen entsprang keinem in sich ruhenden Stolz sondern einer Scheu vor der Verbindlichkeit des Lebens; sie war der negative Ausdruck für die innere Geschlossenheit seiner Existenz, welche zu ihrem geheimen Leitmotiv die Flucht vor den Anforderungen des wirklichen, weltlichen Lebens hatte. Was Fiala erlebte, wurde ihm leicht zu schwer, und von dieser Schwere befreite er sich unwillkürlich durch eine sporadische Ausgelassenheit, deren düstere Lebhaftigkeit dem Kenner der romantischen Literatur vertraut ist.

Die innere Zwiespältigkeit seines Wesens dokumentiert vorzüglich die Analyse seiner Handschrift. Diese graphologische Analyse hatte sich Fiala im Alter von 24 Jahren selber verschafft; denn es reizte ihn zu erfahren, wieweit ein fremder

Mensch imstande sein könne, sein Wesen aufgrund der Handschrift zu durchdringen, ihn gleichsam aus der Ferne zu enträtseln. Zu diesem Zweck sandte er zwei durch zehn Jahre getrennte Proben seiner Handschrift an ein Institut für Graphologie. Er erhielt folgende Analyse:

> Mit 14 Jahren waren Sie noch ein unbefestigter, formloser Mensch, der vor sich selbst und vor seiner Mitwelt Versteck spielte. Ihr Ausdruck war wenig offen, zuweilen sogar direkt unaufrichtig. Sie wagten weder Ja noch Nein zu sagen, das war Ihre große Schwäche. – In der Handschrift des 24-Jährigen zeigt sich aber, dass Sie inzwischen ein weites Stück Weg zurückgelegt haben. Sie haben Ihr inneres Gesicht erkannt und für Ihr nach außen gekehrtes Weltgesicht den prägnanten Ausdruck gefunden. Ihre jetzige Handschrift ist der Ausdruck einer äußerst feinfühligen, beinahe hautlos empfindsamen Veranlagung eines halbwegs wissenschaftlichen und halbwegs geistig-ästhetischen Menschen. Nur in einer zugleich fein und stark gezimmerten Vorstellungswelt vermag Ihre Seele zu atmen, die sich die zu ihr passende Atmosphäre zielsicher, konsequent und klaren Geistes formte und schuf. Lange fürchteten Sie, Auge in Auge, Brust an Brust unmittelbar mit dem Leben – mit *Ihrem* Leben – nicht fertig zu werden. Daher richteten Sie zwischen sich und den Anstürmen des Außen eine luftdichte, unübersteigbare Mauer auf. Hinter dieser Mauer saßen Sie einsam, still, klar beobachtend in Ihrer völligen Isolation; in dieser Einsamkeit gestaltete sich Ihr Dasein reich und tief; aus Wissen, Erkennen und Anschauen schufen Sie die innere Sprache, den Ton und die Farben Ihres Daseinsraumes, dessen Begrenzung von der Ihnen angeborenen, äußerst entwickelten Nüchternheit – streng und knapp – bestimmt und festgelegt wurde. Ihre Nüchternheit wäre mit Ihrem sensiblen, hautlos empfindsamen Gefühlsorganismus unvereinbar, wenn sie nicht zugleich

diesem Gefühl Schutz und Schirm bedeuten würde gegen jeden übermächtigen Anprall und Ansturm des Lebens. Ihre Nüchternheit ist also Ihr großes *Nein*, das Sie jeder Art von Bejahung entgegenhalten, das große Nein, das Sie zu Ihrem Dasein benötigten und benutzten, indem Sie daraus die Ihnen notwendige, geharnischte Kleidung für Ihr zartes Wesen bauten. Sie tränkten sich voll mit einer radikalen Skepsis, ja Sie berauschten sich an Ihrer eigenen Skepsis, der Sie – allein – ein starkes, inbrünstiges ‚Ja' entgegenriefen. Sie lebten in einer glücklichen Ehe mit der *Verneinung*, welche Sie stark, sicher, selbsterkennend, tief, klar und klug machen konnte. Sie haben es verstanden, aus der Schwäche Ihres Lebens methodisch eine Stärke zu machen. Sie fanden den ganzen und äußerst konsequenten Ausdruck für Ihr starkes und doch verneinendes Wesen, indem Sie Ihr Ja aus dem großen Nein bildeten. Sie fanden den Mut zum Bekenntnis des Zweifels, der Ihrem Wesen Boden und Heimat bedeutet und kamen so zu der Ihrem Wesen entsprechenden äußeren und inneren Form.

Der Verlauf unserer Geschichte wird erklären, welche Bewandtnis es mit Fialas ‚großem Nein' und ‚Ja' eigentlich hatte.

Dank der Schulung des historischen Gedächtnisses durch höhere Lehranstalten erinnert sich auch heute noch jedermann der Tatsache, dass zu Beginn des Jahres 1919 die bürgerliche Jugend des Mittelstandes – dem auch unser Held angehörte – in die unerwartet peinliche Lage geriet, ihr bisher bevorzugtes Dasein gegen den Angriff des Arbeiterstandes zu verteidigen. Der erste Schritt zur Verteidigung bestand darin, dass sich ihre Wortführer nun auch ‚Arbeiter' (und z. B. nicht mehr ‚Leutnant der Reserve') nannten, nämlich im Unterschied zu Handarbeitern: ‚Kopfarbeiter' oder, was schöner klang, ‚geistige Arbeiter'. Sie kamen ihrer Ratlosigkeit damit zu Hilfe, dass sie einen ‚Rat geistiger Arbeiter' bildeten. Unter diesen paradoxen Stand eines ‚geistigen Arbeiters' – paradox, weil der Geist ein

Überfluss und die Arbeit eine Notwendigkeit ist – fielen sowohl Fiala selbst wie sein Vater, aber mit dem Unterschied, dass zwar Fialas Vater von der äußeren Notwendigkeit seiner überflüssigen Arbeit fest überzeugt war, nicht aber der Sohn, welcher das schlechthin Überflüssige studierte, nämlich Philosophie, dieses Produkt eines ehemals paradiesischen Müßigganges. Fialas verständiger aber keineswegs geistreicher Vater war sogar in einem ganz ausgesprochenen Sinn ‚geistiger Arbeiter', ja sogar ein buchstäblicher Handarbeiter, nämlich ein Maler; er bemalte Tafeln aus ausländischem Holz und von kleinem Format mit schönen, leuchtenden Ölfarben, die unter seiner Hand sehr rasch den stereotypen Umriss von grimmigen oder schmunzelnden Rokokoherren und Kardinälen annahmen. Diese Bildchen waren zwar nicht billig, wirkten aber an der Wand eines bürgerlichen Salons reicher Leute doch so geschmackvoll und repräsentabel, dass sie zumeist ihren Käufer fanden. Denn es gibt keine Geschmacksrichtung, die nicht ihr entsprechendes Publikum fände. Der Künstler verstand sich mit seinen grimmigen oder lachenden Rokokoherren, und mit diesen verstand sich wiederum ihr Käufer; alle drei Instanzen der Bilderproduktion verstanden sich miteinander aufgrund der Identität ihrer künstlerischen Ansprüche.

Ungeachtet der literarisch sanktionierten Synthese von ‚Kunst und Wissenschaft' standen sich Vater und Sohn, der Künstler und der Wissenschaftler, von früh auf entgegen. Einig waren sie sich nur darin, dass jeder die Geistesrichtung des andern missbilligte. Die Tiefe ihres Zwistes, zu dem bekanntlich immer zwei gehören, die sich einigen wollen, äußerte sich ebenso früh wie heftig. Fiala wurde von seinem wilhelminischen Vater, dem er im Übrigen sein Bestes zu verdanken hatte, nicht eigentlich missverstanden sondern überhaupt nicht verstanden, denn für seinen Vater war er höchstens ein lebendiger Widerstand, aber ein unverständliches Rätsel.

Enträtseln wollte ihn nur seine Mutter, die ihn zwar oft durchschaute, aber nie erkannte. Umgekehrt erkannte Fiala seine Eltern mit der Hellsichtigkeit des Misstrauens, seitdem er sich genötigt fühlte, ihr Erbe zu bekämpfen, sich gleichsam seelisch zu enterben. Uneins war Fiala mit seines Vaters Geistesrichtung allein schon dadurch, dass dessen Geist ein gesunder Menschenverstand war. Die Unkompliziertheit seines gesunden Verstandes, der nur ein intelligenter Helfershelfer seiner starken Vitalität war, äußerte sich mit Vorliebe darin, dass er auf eine höchst naive Weise sophistisch wurde. Fialas Geist war von der unnatürlichen Art des negativen Überflusses; er unterstützte ihn nicht im Leben, sondern untergrub und verfeinerte es; er entsprang seiner intellektualisierten Empfindsamkeit für alles Kritische, Problematische und Negative in den Dingen. Diesen Scharfsinn für das Negative verdankte Fiala der unglücklichen Natur seiner Mutter, der er dafür nicht anders zu danken wusste, als indem er sie in sich bekämpfte.

Disharmonisch war auch das Verhältnis der aneinander gewohnten Eltern, aber mit dem großen Unterschied, dass sich der Vater – gesund und bei Verstand – stets zu behaupten wusste, während seine kränkliche Frau nur die Schwäche ihres Lebens sah, ohne durch diese richtige Einsicht jemals stärker zu werden.

Das einzige Auffallende an Fialas unmerklicher Entwicklung im Hause seiner Eltern, wo er gar nie im eigentlichen Sinn ‚zu Hause‘ war, wurde eine merkwürdige Verschiebung seines Verhältnisses zu Vater und Mutter. Bis zu seinem 12. Jahr war Fiala ein ausgesprochenes Kind seiner Mutter, von da ab wurde er aber bis in die physiognomischen Einzelheiten hinein der Sohn seines Vaters, ohne damit die instinktive Bevorzugung zu gewinnen, welche seine früh verstorbene Schwester[1] beim Vater genossen hatte.

Vielmehr hatte diese Annäherung zur nächsten Folge ihr scheinbares Gegenteil: eine Abstoßung, und zwar von solcher

---

[1] Sie starb 1908 im Alter von 16 Jahren. Ihr Name und die Todesursache sind nicht bekannt.

Heftigkeit, wie sie nur einer innerlichen Gebundenheit entspringen kann. Der unterirdische Verlauf dieser Auseinandersetzung kam zum explosiven Vorschein anlässlich der Besprechung der studentischen Berufsfrage, deren vorläufige Entscheidung zusammenfiel mit den politischen Tagesfragen jener bewegten Jahre nach dem Weltkrieg[2]. Beide Fragen waren wie geschaffen zum Zündstoff. Ihre Erörterung war der Anlass, dass Fiala zum zweiten Mal ein ‚verlorener Sohn' wurde, indem er seine Vaterstadt verließ und in F...[3] studierte.

Erste Versuchungen

Zum ersten Mal verloren ging Fiala seinen Eltern zu Beginn des Krieges. Nur zwei Monate wurde er als Kriegsfreiwilliger[4] ausgebildet – diese zwei Monate reichten aber vollkommen aus, um den nächstbesten Transport ins Feld zu einer ersehnten Wohltat zu machen. Kurz vor dem Abmarsch verfasste Fiala sein erstes Testament, worin er über den Besitz verfügte, der ihm einzig und allein am Herzen lag: eine reichhaltige und ausgewählte Bücherei. Er vermachte sie ‚auf alle Fälle' seinen Freunden. Bücher und Freunde, das waren damals noch seine ganze Welt. Und seine Bücher verließ er nur deshalb so unbedenklich, weil ihn sein erster Freund[5], der später Maler geworden war, verlassen hatte. Hätte sein Vater auch nur eine Ahnung gehabt von den wirklichen Beweggründen der patriotischen Unternehmung seines Sohnes, so wäre sein gesunder Menschenverstand vielleicht ein wenig um den Verstand ge-

---

[2] Karl Löwith wurde nach Verwundung und Gefangenschaft 1917 aus dem Militärdienst entlassen.

[3] Freiburg

[4] Über die Motive, sich freiwillig zu melden, berichtet Löwith in *Mein Leben in D.* (2007), S. 3.

[5] Ludwig Ludowici, vgl. hier S. 95

kommen. Denn Fialas Lust zum Abenteuer des Krieges war nur deshalb so groß, weil er aus der Tragödie seiner ersten Freundschaft keinen besseren Ausweg wusste.

Die drei Jahre, welche Fiala inmitten seiner Kompanie in Schützengräben und auf hohen Bergen gelegen war, bis er zuletzt verwundet in Gefangenschaft geriet, gaben ihm seine eigentliche Erziehung, die Ausbildung seines Charakters. Tag für Tag zu jeder Stunde durch unberechenbare und erschütternde Realitäten beansprucht, festigte sich sein weicher Charakter gleich den Muskeln seines jungen Körpers. Das wahre Gesicht des Krieges wurde Fiala erst späterhin klar im Spiegel von Barbusse' *Le Feu*[6].

Seine entscheidende Erfahrung gewann er aber nicht im notgedrungenen Umgang mit Vorgesetzten und Untergebenen – er kam sich als Vorgesetzter nicht minder deplatziert vor wie als Untergebener – sondern allein, ganz abgesehen vom Krieg, im Kampf mit sich selbst, an der Grenze des Lebens. Allein, eines Nachts, im Nebenraum einer elenden Hütte des Dorfes Curlu[7], dessen blühende Obstgärten die lauen Nächte durchdufteten, dort wo die Somme zu beiden Seiten kilometerbreit von Fruchtgärten begleitet wird – und dann noch einmal während des Krieges, wiederum völlig allein, im Morgengrauen bei dichtem Nebel auf dem nackten Erdboden eines bewaldeten Dolomitentales, welches von einem reißenden Gebirgsbach, der damals die natürliche Grenze der feindlichen Stellungen bildete, durchströmt wird. Über die Vorgänge dieser beiden

---

[6] Henry Barbusse: 1873-1935. Französischer Schriftsteller und Politiker. Gründete 1919 zusammen mit Romain Rolland die pazifistische Clarté-Bewegung, der sich Georges Duhamel, Anatole France, Jules Romain und Heinrich Mann anschlossen. Barbusse, der seit Beginn des Ersten Weltkriegs bis August 1916 als Freiwilliger Soldat war, engagierte sich danach als Friedenskämpfer. Sein Buch *Le Feu* erhielt 1916 den Prix Goncourt.

[7] Curlu: kleines Städtchen im Norden Frankreichs wurde 1916 in der Schlacht an der Somme schwer beschädigt.

Nächte hatte Fiala, der seiner Natur nach eher mitteilsam als verschwiegen war, nur ein einziges Mal zu einem einzigen Menschen – in der dritten und letzten dieser Nächte[8] – gesprochen, umso öfter aber mit sich selbst. Gerade weil er wusste, dass diese Nächte den Schlüssel zu seiner Existenz bargen, gab er ihn nicht aus den Händen. Sie waren der Schlüssel eines Lebens, dessen verschlossenes Tor sich Fiala gewaltsam öffnen wollte, denn er fand nicht im Dunkel seines Kerkers wie Petrus die kettenlösende Hand des rettenden Engels. Was damals in ihm vorging, entschwand bald danach seinem Gedächtnis. Zur deutlichen Erinnerung kam es ihm erst wieder, als er sechs Jahre später in einer müßigen Stunde Balzacs *Tödliche Wünsche* las und dabei an die Stelle kam, welche beginnt: „Wie gnadenlos müssen die Stürme sein, die einen Menschen dahin tragen, wo er den Frieden der Seele in der Mündung einer Pistole suchen muss", – und endet: „neben dieser lakonischen Pariser Meldung (nämlich vom Selbstmord irgendeines Unbekannten) verblassen alle Romane und Dramen."

Da jubelte im Stillen seine Seele, den Dichter gefunden zu haben, der den Geist und den Mut hatte, die lapidare Frage auszusprechen, welche eines jeden Menschen Brust irgendeinmal bei irgendeiner Gelegenheit zutiefst bewegt, um ihn entweder aus der Welt oder ins Leben zu stoßen. Denn Fialas geheimste Idee, mit der er seit seinem 13. Jahr wie Jakob mit dem Engel rang, war einzig und allein die zur klassischen Phrase gewordene Frage: *To be or not to be,* und zu seinem Unglück wurde gerade damals Schopenhauer sein Lehrer.

Es gibt in der Entwicklung eines Mannes kein Alter, welches weniger optimistisch ist, als die hoffnungsvolle Zeit der Entwicklungsjahre. Optimist im Ernst wird man erst viel später, auf dem durchgepflügten Boden der schlimmsten, pessimistischsten Lebenserfahrungen. Die Erkenntnis, dass er mit

---

[8] Klärendes Gespräch mit einem studentischen Freund in Marburg, der Fiala half, seine Suizidalität endgültig zu überwinden (siehe S. 73-77).

der Angst vor dem Leben oder mit seinem feigen Mut zum Tode nicht allein stand, befreite Fiala von dem Argwohn, eine widernatürliche Missgeburt des Lebens zu sein. Er wusste nun, dass er mit seiner ‚Idee' am wesenhaften Schicksal der menschlichen Existenz trage. Diesem Schicksal, welches allein schon darin beschlossen liegt, dass sich die Frage nach dem Sinn des Daseins überhaupt aufdrängen kann, war er als 18-jähriger Unteroffizier weder im Guten noch im Schlimmen gewachsen.

Als er aus den blühenden Obstgärten Curlus in die Hütte seiner schlaftrunkenen Kriegskameraden eintrat, wusste er nicht, was er tat; er nahm sein Gewehr zu sich, ging damit in den hintersten Winkel der angrenzenden Scheune, setzte sich nieder, um im Sitzen eine Stellung auszuprobieren, in der er die Mündung seines Gewehres an die Schläfe legen und zugleich den Hahn abdrücken könnte. Mit mechanischer Sachlichkeit änderte er die dazu erforderliche, höchst unbequeme Stellung mehrere Male, bis er die Gewissheit hatte, dass ‚es geht', und – als sei es überhaupt nicht sein eigener Kopf, an dem die Mündung anlag, wiederholte er dreimal jene bekannte Schießübung, welche darin besteht, dass der sogenannte ‚Druckpunkt' genommen wird, d. h. der Hahn des Gewehres wird bis zu einem Punkt niedergedrückt, an dem ein stärkerer Widerstand spürbar wird, dessen Überwindung den Schuss erst endgültig auslöst.

Inmitten dieser phantastischen Beschäftigung hörte er von draußen in Befehlsform seinen Namen rufen; es war inzwischen die Zeit der Ablösung der Wachtposten an dem Ufer der Somme herangerückt. Die suggestive Kraft der gewohnten Unwiderruflichkeit militärischer Kommandoworte ließ ihn überhaupt nicht über sein Vorhaben und dessen Unterbrechung zur Besinnung kommen. Erschrocken stand er auf, reinigte seine Uniform vom Stroh der Scheune, stellte den zerfetzten Stuhl wieder rasch an seinen früheren Platz, und wie ein Hund, den sein Herr von weitem bei unerlaubter Tat ertappt, schlich sich Fiala leise in den Schlafraum seiner Kameraden zurück, um ordnungsgemäß seine Leute zur Ablösung der Posten antreten zu lassen.

Zwei Monate später saß er mit ihnen in einem Eisenbahnzug, dessen Wagen im Innern eher den Anblick eines Viehtransports als einer Beförderung von Menschen bot. Einen Teil seiner Habe musste er bei der Plötzlichkeit des Aufbruchs von Frankreich in dem dortigen Quartier in einem kleinen Koffer zurücklassen; als er zwei Wochen später in 2000 m Höhe angesichts Tofana III[9] zähes Gemsenfleisch zu beißen versuchte, traf dieser ehemalige Schuhkoffer seiner Eltern wieder mit seinem Herrn zusammen – die französische Wirtin hatte Fialas Sachen sorgfältig verpackt dem nächsten Kommando zur Nachsendung übergeben. Seitdem ist dieser Koffer Fialas treuer Begleiter geblieben, er ging mit ihm in die Gefangenschaft und wieder zurück in die Heimat, um schließlich die unheroische, aber verdienstvolle Aufgabe eines monatlichen Transports von Schmutzwäsche aus Fialas Universitätsstadt ins Elternhaus zu übernehmen.

Fiala war inzwischen zu einer weiteren Beförderung vorgeschlagen worden, es fehlte ihm dazu aber noch eine militärische Auszeichnung. Eine Gelegenheit, sich in den Augen der Mitwelt auszuzeichnen, war bald gefunden. Sein Kompanieführer wollte erkundet wissen, wie weit die feindliche Stellung ins Tal herabreiche. Die dazu erforderliche Patrouille sollte sich freiwillig melden. Kaum hatte Fiala davon gehört, so übernahm er die heikle Aufgabe eines Patrouillenführers. Drei Mann schlossen sich zögernd an. Unter dem Schutz einer absoluten Dunkelheit stolperten sie zu viert den pfadlosen Berg hinunter und erreichten gegen zwei Uhr morgens den Fluss, welcher das dicht bewaldete Dolomitental durchströmte. In Abständen von je 30 Meter huschten Fiala und seine Kameraden über eine kleine Holzbrücke auf das jenseitige feindliche Ufer hinüber, ein Wagnis, welches in Fialas Gemüt die Bedeu-

---

[9] Dreigipflige Bergkette westlich von Cortina d'Ampezzo

tung einer Überschreitung des Rubikon annahm. Im langsamen Weiterschreiten konzentrierten sich Fialas sämtliche Sinne gleichsam im Gehör; das unvermeidbare Knistern der getretenen und gestreiften Äste schien umso verräterischer zu sein, als es Fiala allen Ernstes darauf ankam, seinerseits eine erfolgreiche Erkundung durchzuführen und wenn möglich, mit der Epaulette eines Feindes zwecks Feststellung der betreffenden Truppe über die Brücke zurückzukehren. Die Umsicht, mit der er vorging, unterschied sich in nichts von der naiven Sachlichkeit seiner Kameraden; auch diese waren ganz Ohr und Auge.

Dass dieses Unternehmen für Fiala aber im Grunde weder die freiwillige Erfüllung einer militärischen Aufgabe noch ein unüberlegtes Mitmachen bedeutete, dass es ihm in Wirklichkeit weder um die Gewinnung einer Auszeichnung und Beförderung, noch um die Erkundung der feindlichen Stellungen zu tun war, das wurde ihm erst klar und deutlich, als ein leiser, aber artikulierter Anruf in einer ihm unverständlichen, fremden Sprache erfolgte. Unmittelbar darauf ertönten rasche kurze Pfiffe, und als sei die Natur mit diesen Signalen im Einvernehmen gewesen, erhellte sich urplötzlich der bislang dichte Nebel und Fiala sah sich in einer Entfernung von etwa 30 Meter einer Gruppe von 10 bis 15 Mann gegenüber, die sichtbar frierend, in grüne Lodenmäntel gewickelt, nebeneinander auf einem gefällten Baumstamm saßen und ihre Gewehre bereit stellten. In diesem entscheidenden Augenblick wurde es Fiala vollkommen klar, dass die treibende Kraft seines Wagnisses einzig und allein der Wunsch nach dem kettenlösenden Engel war, und sei er auch nur ein Würgengel. Ohne deshalb die militärische Sachlage auch nur im geringsten aus dem Blick zu verlieren, war die geheime Tendenz seiner ‚Heldentat' (sie trug ihm nachträglich eine Auszeichnung und Beförderung ein) die unkriegerische Hoffnung, bei dieser Gelegenheit auf anständige Weise ums Leben zu kommen, was im Kriege bekanntlich leichter ist als im Frieden. Ein derartiges Endergebnis bezeichnete man damals in öffentlichen Anzeigen und Reden als ‚den

Heldentod sterben‘, und als einer, der vermutlich einen solch heldenhaften Tod fürs Vaterland gestorben ist, lebte Fiala noch einige Tage darauf im Gedächtnis seiner Kompanie und einen ganzen Monat lang im Herzen seiner Eltern fort – bis sich herausstellte, dass er, wenn auch schwer verwundet, doch am Leben geblieben und in Gefangenschaft geraten war. Fiala selbst kam seine neue Situation nur langsam zum Bewusstsein. Zunächst erfasste er nur die erstaunliche Tatsache, dass er wie nach einem heftigen Schlag auf die Brust zu Boden gefallen war, ohne sich wieder erheben zu können, und dass sich Menschen um ihn bemühten, deren Worte er nicht verstehen konnte. Erst die Hartnäckigkeit, mit der sich diese fremden Menschen um ihn kümmerten, gab ihm das klare Bewusstsein seines eigenen Daseins zurück. Allmählich machte er sich wieder mit dem Gedanken vertraut, noch immer da zu sein, für sich selbst, als Sohn seiner Eltern und als Freund seiner Freunde. Kaum fühlte er wieder die Kontinuität seines Lebens, so beherrschte ihn auch schon das triviale Verlangen nach der gewohnten Bewegungsfreiheit seiner Glieder und nach dem Genuss einer Zigarette.

Dann lag er ein halbes Jahr todkrank in einem Lazarett hinter der Front. Während dieser Zeit wurde er zum Stoiker, der sich dem tatsächlichen Benehmen nach von einem Christen sehr wenig unterscheidet, verstehen sich doch beide auf das virtuose Ertragen unerträglicher Leiden. Während seiner italienischen Gefangenschaft machte er drei grundlegende Erfahrungen, aus denen ihm, seiner philosophischen Natur gemäß, drei entsprechende Einsichten erwuchsen. Erstens: dass es schwerer sei zu leben als zu sterben. Dass auch das Sterben schwierig sein kann, zeigte ihm der tragikomische Ausgang zweier Selbstmordversuche im Gefangenenlager. Ein ungarischer Fähnrich, mit dem Fiala das Zimmer teilte, hatte sich durch Vortäuschung schlafloser Nächte aus der Apotheke eine Unmenge Veronal verschafft, die er dann auf einmal zu sich nahm – mit dem misslichen Erfolg, dass er nach einem 30-

ständigen Schlaf wieder zum Leben erwachte. Und ein armer Teufel von einem tschechischen Infanteristen benützte gelegentlich einer äußeren Reinigung des Gefangenenhofes dessen hohe Mauer zum Absprung in den tiefen Graben – mit dem nicht minder unbeabsichtigten Erfolg einer geringfügigen Verstauchung des linken Fußes.

Diese beiden Deserteure des Lebens behielt Fiala von nun ab ständig im Auge, aber nicht mit dem überlegenen Interesse eines Arztes für seine Patienten, sondern mit der angstvoll gespannten Teilnahme des unentdeckten Verbrechers am Schicksal der entlarvten Genossen gemeinsamer Missetat. Seine zweite Erfahrung, dass es sich im Süden leichter lebe als im Norden, gab der ersten eine positive Richtung. Und seine dritte Einsicht, welche sich ihm in dem Ideal eines ‚voraussetzungslosen Lebens' darstellte, entsprang der Erfahrung, dass der radikale Zusammenbruch aller gewohnten ‚Einrichtungen' des bürgerlichen Daseins etwas Befreiendes und Fruchtbares haben könne. Dieses Triumvirat seiner dogmatischen Grundüberzeugungen formte Fialas Charakter in ausschlaggebender Weise.

Nach seiner Rückkehr aus der Gefangenschaft immatrikulierte sich Fiala an der Universität seiner Vaterstadt[10], ließ aber keinen Zweifel, dass hier nicht seines Bleibens sei.

Die Festigung seines im Grunde noch immer labilen Charakters bewahrte ihn in der nun folgenden, planlos bewegten Zwischenzeit vor der bedingungslosen Hingabe an einen Jüngling, dessen Umstände sich von denjenigen Fialas in nichts unterschieden, es sei denn darin, dass der Krieg jenen Jüngling mehr erschüttert als geformt hatte. Dieser Jüngling hieß Egon[11]. Er verbreitete um sich jene unheimliche Atmosphäre unverständlicher Attraktion, wie sie nur außergewöhnliche Menschen umströmt. Er war in jeder Hinsicht das, was man eine ‚auffallende Erscheinung' nennt, besonders aber durch das

---

[10] München

[11] Percy Gothein, 1896-1944. Romanist, Mitglied des George-Kreises

klassische Profil seines Gesichtes, welches aus einer spätantiken Gemme ins heutige Leben übertragen schien. Das Außerordentliche seiner Erscheinung und seines Gebarens war aber nur aus zweiter Hand; denn er stand mit Leib und Seele unter der Herrschaft einer persönlichen Hörigkeit. ‚Herrschaft und Dienst', das war ausgesprochenermaßen das pathetische Grundverhältnis des Jüngers zu seinem Meister, der sich St. George[12] nannte. Dieser Meister zog ebenso viele gewöhnliche wie ungewöhnliche Menschen aus Fialas Generation durch die dogmatische Kraft seiner religiösen Persönlichkeit in den Bann besinnungsloser Verehrung. Ein *Jahrbuch für geistige Bewegung*[13] war das literarische Organ des Kreises um St. George und dementsprechend glich es einem Jahrbuch für geistige Kreisbewegung, deren Charakteristikum die ewige Wiederholung des Gleichen ist.

Die Anziehungskraft, welche Egon auf Fiala unwillkürlich aber gewolltermaßen ausübte, beruhte aber keineswegs auf der pseudo-liturgischen Programmatik seines Bannkreises; dazu war Fialas Geist schon viel zu selbständig und seiner Substanz nach kritisch, sondern auf der wirklichen Bedeutsamkeit seines anspruchsvollen und radikalen, aber im Grunde wurzellosen Freundes. Es war für Fiala nicht ohne Anreiz, an der Seite dieses in jeder Beziehung auffallenden Menschen den Abstand zum täglichen Durchschnitt zu steigern und sich auf diese Weise seiner eigenen Bedeutung zu versichern. Tage- und wochenlang saß dieses an Gestalt, Gangart, Temperament, Sprechweise und Handschrift so ungleiche Freundespaar beisammen, um

---

[12] Stefan George, 1868-1933. Lyriker des Symbolismus. Mittelpunkt des George-Kreises, einem Zusammenschluss gleichgesinnter Dichter, wie z.B. Karl Wolfskehl, Ludwig Klages und zeitweise auch Hugo von Hofmannsthal, der jedoch Georges Homoerotik ablehnte.

[13] Das *Jahrbuch für die geistige Bewegung*, als Streitschrift konzipieret, erschien in den Jahren 1910-1912 und wurde von Friedrich Wolters und Friedrich Gundolf, Mitgliedern des George-Kreises, herausgegeben.

sich über all das auszusprechen, was die Welt der Erwachsenen verständnislos und leichtfertig als Irrealitäten jugendlichen Überschwangs gutmütig verunglimpft und nur aus der Lektüre russischer Romane kennt. Die Samstagabende – sie währten oft bis zum Morgengrauen – welche Fiala mit halbem Herzen, aber in unendlicher Spannung auf die Eröffnung der Sieben Siegel, die ihm noch die Welt seines Freundes verschlossen, mit ihm verbrachte, hatten zum passenden Schauplatz ein kleines Bauernhäuschen an einer der schönsten Stellen des Isartales.

Dieses verfallene Haus, zu dem jeder der beiden einen riesigen Schlüssel besaß, gehörte ihnen zur Miete. Seine Einrichtung war nicht weniger baufällig als das Häuschen selbst, aber gerade dank ihrer Primitivität von unsagbarem Reiz. Wer etwa das *Gelbe Zimmer* van Goghs oder das tiefe Blau und Orangerot seines *Zuaven* kennt, kann sich eine Vorstellung machen von der suggestiven Farbengewalt, welche von den bemalten Wänden in den viereckigen Wohnraum strömte und ihn gleich ravennatischen Mosaiken verzauberte.

Ein genialischer Bruder Egons[14], der das gemeinsame Erbe an Chaos weniger gut zu stilisieren vermochte, hatte alle Räume mit expressionistischen Fresken geschmückt. Das Zimmer zur ebenen Erde war vollständig ausgemalt mit ebenso einfachen wie eindringlichen Darstellungen aus dem Landleben; der kleinere Wohnraum darüber mit schwarzen Anglern, welche auf blauvioletten, trecentistischen[15] Hügeln ihre purpurroten Angeln nach schwefelgelben Fischen auswarfen.

Wie ein Fisch, der geangelt werden sollte, kam sich insgeheim auch Fiala vor, wenn er seinem schönen Menschenfänger im warmen Lichte farbiger Wachskerzen in seine weitgeöffneten, leuchtenden Augen sah und beide von dem Verlangen nach unbekannten Göttern und Seligkeiten bedrängt verstummten.

---

[14] Gothein, Werner (1890-1968), expressionistischer Maler.

[15] Trecento: Zeit der Vor-Renaissance im Italien des 14. Jh., Landschaftsdarstellungen z.B. von Giotto und Lorenzetti.

Im schnellen Tempo intensiver Spannungen, welche das Verhältnis der beiden oft zur Quälerei machten, durchlebte Fiala die kurze Zeit dieser gesteigerten und übersteigerten Freundschaft, deren äußere Kürze ihre innere Dauer eher beförderte als beeinträchtigte. Es bedurfte mancher Jahre bis Fiala als junger Dr. phil. seinem ehemaligen Weggenossen, der inzwischen auch promoviert hatte, wieder frei gegenübertreten konnte. Ein Zufall, an dessen Zufälligkeit keiner der beiden glaubte – denn dazu waren sie zu wenig abergläubisch –, ließ sie einander begegnen, zu Rom, in einer mitternächtlichen Messe, am Weihnachtsabend des ‚anno santo'.[16]

Zwei Entdecker der Wahrheit

Wenige Monate nach dieser erlebnisreichen Zwischenzeit verließ der verlorene Sohn zum zweiten Mal sein Elternhaus, um in einer mitteldeutschen Universitätsstadt[17] in vollkommener Unabhängigkeit zu studieren und neue Freundschaftsbande zu knüpfen. Die Universität, auf welche Fialas Wahl fiel, war äußerlich nicht bemerkenswert. Sie bestand aus roten Sandsteinquadern, die wie aus einem Anker-Steinbaukasten[18] zusammengefügt schienen. Ihr Baustil war so undefinierbar, wie der ‚Stil' der gegenüberliegenden protestantischen Kirche. Diese beiden Bauten hatten aber noch wesentlichere Analogien aufzuweisen. Wie nämlich das Gotteshaus des liberalen Protestantismus seine erwachsenen Kinder mit dem in Erz gegossenen

---

[16] Also am 25.12.1925. Das *anno santo* ist ein besonderes Jubiläumsjahr der katholischen Kirche. 1925 hat Pius XI. mit der Enzyklika *Quas Primas* am 11.Dezember 1925 das Christkönigsfest als ein Zeichen gegen den aufkommenden Faschismus eingesetzt.

[17] Albert-Ludwigs-Universität Freiburg

[18] Klassisches deutsches Spielzeug, erfunden von Otto und Gustav Lilienthal. Die Idee wurde 1882 von Friedrich Adolf Richter patentiert.

Bibelspruch einlud: „Dein Wort ist die Wahrheit", so erklärte auch die profane, aber verbal noch immer bibelfeste ‚Alma Mater' ihren ungläubigen Kindern in vergoldeten Lettern: „Die Wahrheit wird Euch freimachen." Außerdem war der Eingang zu diesem Anker-Steinbaukasten der Wahrheit noch flankiert durch die Erzväter von „Kunst und Wissenschaft", einem Homer und einem Aristoteles. Den Schlüssel zur Wahrheit verwaltete an erster Stelle ein Geheimrat Endlich. Von ihm war folgende Geschichte im Umlauf: Als Geheimrat Endlich in einer fremden Stadt einen Kollegen besuchen wollte, öffnete ihm dessen Frau die Haustür. Er überreichte seine Visitenkarte. Die Frau Professor, welche ihren Mann schon oft von Endlichs Logik hatte sprechen hören, bekam einen heftigen Schreck und rief: „Ach, ist denn das möglich, sind Sie denn *wirklich* Herr Geheimrat Endlich? Ich dachte immer, Sie seien ein Buch!" Diese Bemerkung war von solchem Tiefsinn, dass sie keiner der Beteiligten verstand; nur die Hörer des Geheimrats wussten, dass er tatsächlich nichts weiter als sein eigenes, wirkliches Buch war. Dieser Mann also, der so sehr in seinen Ideen lebte, dass es manchmal scheinen konnte, als wären seine Ideen wirklich etwas Wirkliches, verkündete nach einer neuesten und von ihm selbst entdeckten Methode die pure, endgültige *Wahrheit*. Fiala traute seinen Ohren nicht, als er im dichtgedrängten, großen Hörsaal aus dem Munde dieses Außerordentlichen, dessen Alter erst 55 Jahre betragen mochte, obschon er sich längst überlebt hatte, die folgenden ebenso prophetischen wie professoralen Einleitungsworte vernahm: „Meine Herren und Damen, die wahre Philosophie ist zwar noch in den Anfängen, aber ich kann Ihnen in Aussicht stellen, dass die exakte Analyse des reinen Zeitbewusstseins in etwa 20 Jahren so weit geführt haben wird, dass wir selbst ein so schwieriges Problem wie das der Unsterblichkeit endgültig gelöst haben werden."

Als Fiala einige Wochen später einer Krankenvorstellung in einer psychiatrischen Klinik beiwohnte und hier einen Geisteskranken zu Gesicht bekam, der unerschütterlich überzeugt war, dass er das Problem einer unendlichen Lebensverlängerung durch Erfindung einer *Lebensmaschine* gelöst habe, erwartete Fiala unwillkürlich die Vorführung jenes Philosophen[19], um dessentwillen er nach F. gekommen war. Der Unterschied zwischen seinem Professor und dem Geisteskranken schien ihm einzig darin zu liegen, dass der Erstere frei herumlief und mit seinen Wahnideen gesunde Köpfe in Verwirrung brachte, der Letztere aber nicht. Nichtsdestoweniger bemühte sich Fiala in die Geheimnisse der *logischen Erlebnisse* seines Meisters einzudringen.

Bei dieser nicht nur redlichen, sondern sogar erfolgreichen, wenn auch unfruchtbaren Bemühung, lernte er einen etwas jüngeren Studenten kennen, der gleich ihm aus dem Elternhaus in die studentische Freiheit geflüchtet war und sich nun ebenfalls mit deutscher Ausdauer und Gründlichkeit die *Wahrheit* anhörte, wozu ihm seine Eltern die nötige Freiheit gegeben hatten.

Gemäß der absonderlichen Bedeutung, welche schon geringfügige Altersdifferenzen in den Entwicklungs- und Reifejahren gewinnen, war der um zwei Jahre ältere Fiala zunächst durchaus der Gebende und Führende in diesem sterblichen Freundschaftsbund. Es wurde dessen Unglück, dass sich mit der Entwicklung des jüngeren der beiden Freunde die Bedeu-

---

[19] Feststeht, dass Löwith nach Freiburg kam, um bei dem Philosophen Edmund Husserl Phänomenologie zu studieren. Man darf aber bezweifeln, ob Löwith tatsächlich so despektierlich von seinem Lehrer Husserl dachte oder ob sein Sarkasmus nicht eher seinem Lehrer Heidegger gefallen sollte, bei dem er sich zu habilitieren gedachte und der kein Freund von Husserl war. In seinem Gesamtwerk, Band 8, S. 235 schreibt Löwith über Husserl: „Dennoch ist man dem Älteren und Weiseren zum größten Dank verpflichtet geblieben. Er war es, der uns durch die Meisterschaft der phänomenologischen Analyse, die nüchterne Klarheit des Vortrags und die humane Strenge der wissenschaftlichen Schulung in einer Zeit der Auflösung aller inneren und äußeren Bestände fest stehen lehrte ..."

tung der Altersdifferenz zusehends minderte, wobei der lebendige Impuls dieses Verhältnisses immer mehr an Stoßkraft verlor, um nach Verlauf einiger Jahre an seiner inneren Spannungslosigkeit zu erlahmen. Als Fiala sieben Jahre später seinen inzwischen verheirateten und habilitierten Freund[20] in Florenz auf einer Ferienreise wiedersah, war er ihm völlig fremd geworden. Zwar hatte sein Gesicht noch immer den Reiz des Jünglingshaften, aber es schien Fiala, als sei das Musikalische seines Wesens völlig von dem musikwissenschaftlichen Arbeitseifer absorbiert worden. Im Herzen war Fiala empört und bedrückt durch die bourgeoise Erwartungslosigkeit, mit der dieses junge und allzu deutsche Ehepaar Italien durchreiste – nicht zum *Vergnügen,* wie sie beide zu sagen pflegten, sondern um in Bibliotheken zu *arbeiten* – ahnungslos, wie unfruchtbar eine geistige Arbeit ist, die kein Vergnügen macht und wie viel Arbeit der wirkliche Genuss Italiens erfordert. Fialas unausgesprochener Gedanke war, dass es traurig mit einer *Wissenschaft* bestellt sein müsse, welche die Wirkung hat, ein verheißungsvolles junges Leben von universaler Veranlagung schon nach wenigen Jahren so weit zu bringen, dass Kino und Schlaf die ‚Erholung' von der entsprechenden ‚Arbeit' einer wissenschaftlichen Geschäftsreise werden. Nur widerwillig gestand sich Fiala ein, dass seine Enttäuschung die Folge einer unangebrachten Erwartung war.

Mit einer ungleich größeren Macht als dieser Freund griff in Fialas Entwicklung ein Mann ein, der unter den verschiedensten Vorlesungstiteln seine faktische Lebensanschauung mit scholastischer Breite und Scharfsinn vortrug. Er verstand es, die Studenten dadurch anzuziehen, dass er sie abstieß und sie auf sich selbst verwies – mit dem Erfolg, dass sie de facto an ihm hängen blieben und solchermaßen seine Anhänger wur-

---

[20] Es handelt sich um Heinrich Besseler (1900-1969), Musikwissenschaftler und seit 1928 Professor in Heidelberg, siehe *KL Mein Leben in D. vor und nach 1933*, Neuausgabe von 2007, S. 60.

den. Unter dem scheinbaren Verzicht auf Schüler und ‚Schule' züchtete er wie ein kleiner Hegel seine Hegelianer heran. Außerhalb seiner öffentlichen Vorlesungen lebte er nach dem philosophischen Grundsatz: *Si tacuisses philosophus mansisses*[21], d. h. er blieb ein Philosoph, denn er schwieg, wie nur ein Jesuit zu schweigen und zu horchen versteht. Ebenso gut wie auf das Schweigen verstand er sich auf das Arbeiten. Von früh bis nachts saß er mit der Feder in der Hand an seinem Schreibtisch und – dachte, je nachdem mit roter oder blauer Tinte. Im mündlichen Gespräch war er dagegen so hilflos wie ein Grabredner, dem der Wind seine Aufzeichnungen im entscheidenden Augenblick entführt hat.

Die äußere Welt dieses Denkers reichte nicht weiter als vom Schreibtisch bis zu seinem Schreibsessel und von da bis zum Hörsaal. Seine innere Welt hielt sich dementsprechend in den Grenzen seines höchsteigenen Daseins, welches er als ‚Existenz' bezeichnete. Sein Schreibtisch war stets vollkommen bedeckt mit einer Unzahl kleiner Zettelchen, den Ziegeln dieses Baumeisters, aus deren kunstvoller Zusammensetzung er im Laufe von zehn arbeitsreichen Jahren ein System erbaute, das sich an Konsequenz, Kompliziertheit, Unverständlichkeit, Scharfsinn und fundamentaler Baufälligkeit, aber nicht an Reichtum mit dem letzten System des deutschen Idealismus[22] messen konnte.

So gewöhnlich und modern wie der Schreibtisch, so ungewöhnlich und unmodern sah sein Korrelat, der schreibende Denker aus. Eine wollene schwarz-rot karierte Joppe, wie sie im Allgemeinen nur von Bauern, aber nicht von Professoren getragen wird, schützte den Leib dieses scharfen Denkers vor Kälte. Seine Beine waren stets kunstvoll in eine Decke gewickelt, und die Füße steckten in einem Fußsack, dessen bunte Zusammensetzung aus Flickresten weniger auf den ästheti-

---

[21] Wenn du geschwiegen hättest, wärst du Philosoph geblieben.

[22] Georg Wilhelm Friedrich Hegel, 1770-1831.

schen Sinn als auf die hervorragende Sparsamkeit der Hausfrau, welche zugleich die ‚Frau des Hauses' war, schließen ließ. Auch für den Hals ihres denkenden Mannes hatte sie mit einem farbigen Tuch gesorgt, nicht aus zärtlicher Fürsorge, aber aus angeborener Tüchtigkeit, mit dem nüchternen Blick für die Erforderlichkeiten eines denkerischen Haushalts. Von sonstigen Wärmespendern war noch ein glühender Ofen, dampfender Tee und der Rauch einer altmodischen Tabakspfeife zu entdecken. Diese mannigfache Wärmezufuhr war nötig, um die eisige Luft des philosophischen Begriffs (ein beliebter Ausspruch des Denkers) auszuhalten.

Wie des Denkers Gesicht in der Nähe aussah, das vermochte man zunächst überhaupt nicht zu sagen, und zwar aus einem sehr einfachen Grund: Der Denker konnte einen überhaupt nicht eigentlich *ansehen*, auf längere Zeit, oder gar mit erhobenem Haupt in die Ferne blicken, wie es die Photographen für nötig halten. Der natürliche Ausdruck seines Gesichtes war: arbeitende Stirn, verhängtes Gesicht und niedergeschlagene Augen, die sich ab und zu mit einem raschen sekundenlangen Blick der Situation vergewisserten. Zwang man ihn beim Sprechen vorübergehend zu einem aufrechten Anblicken, so bekam dieses äußerst unmelodiöse, in all seinen Zügen winkelig abbrechende Gesicht etwas Verschlossenes, Hinterlistiges, Unsicheres und geradezu Scheinheiliges. Sein Ausdruck war durch und durch unfrei, denn die Aufrichtigkeit war ihm in jeder Hinsicht unnatürlich; natürlich war ihm dagegen der Ausdruck des vorsichtigen und zuweilen bauernschlauen Misstrauens. Seinen positivsten Ausdruck bekam dieses Gesicht, wenn der Denker zu Boden schaute, oder in sein Manuskript blickend, zusammengefasst vor sich hin sprach oder dachte. Trotz seiner außergewöhnlichen Kleinheit wirkte er auf dem Katheder doch durchaus normal dank seiner straffen und elastischen Haltung und den wohlgeratenen Proportionen seiner philosophisch belanglosen Leiblichkeit. Sein Vortrag war vollkommen gesten- und phrasenlos; das einzige rhetorische

Mittel, auf welches er nicht verzichtete und das ihm auch allein zur Verfügung stand, war eine kunstvolle Nüchternheit und thesenartige Strenge im Aufbau der Gedanken. Sein bronzefarbenes Antlitz wirkte ausdrucksvoll durch die offensichtliche Anstrengung der gedanklichen Konzentration und durch seine unschönen, aber interessanten Asymmetrien; der scharfe Blick seiner dunklen Augen richtete sich nur vorübergehend auf seine Zuhörer. Die von einer stark hervortretenden Ader durchzogene und vorgewölbte Stirn nahm die ganze Lebendigkeit in Anspruch, man *sah* sie gleichsam arbeiten – für sich, ohne Rücksicht auf die Zuhörer, welche im Vortrag mehr zum Hören aufgerüttelt als zum Mitdenken angesprochen wurden. Das schwarze, krause Haupthaar und ein altmodischer, steifer, weißer Kragen gaben dem Ganzen dieses Gesichtes eine wirksame Umrahmung, während im Übrigen der ganze Mann bewusst isoliert auf seinem Podium stand, während er Blatt für Blatt seines Manuskriptes mit einer etwas eitlen Handbewegung wendete, welche das stolz-bescheidene Bewusstsein dessen verriet, der sich auf seine Sache versteht und sich im Übrigen um nichts zu kümmern hat.

Der Höhepunkt seines philosophischen Systems war das Problem des Todes. Unter dem Tod verstand dieser Denker natürlich nicht den vulgären wirklichen Tod ‚des gemeinen Menschenverstandes' – den bezeichnete er als bloßes *Ableben* – sondern die philosophische Möglichkeit eines *Vorlaufens* zum Tod. Dieses *Vorlaufen* bedeutete natürlich wiederum keinen wirklichen Laufschritt, sondern ein gedankliches Vorausnehmen des Todes. Durch dieses gedankliche Kunststück versuchte dieser merkwürdige Denker zu verhindern, dass sein höchsteigenes Dasein jemals noch durch irgendetwas überholt werden könne. Für den Selbstmord und für die Angst vor dem Leben war in diesem System kein Platz, denn der Selbstmord würde ja diese philosophische, höchst interessante Möglichkeit durch eine brutale, bloße Wirklichkeit vernichten.

Fiala war dagegen überzeugt, dass die Angst vor dem Leben eine viel fundamentalere Tatsache ist als die christlich infizierte Angst vor dem Tode, dessen wahres Gesicht ihm im System seines Denkers vollkommen verzerrt erschien, denn es ließ darin jeden Zug von Frieden vermissen. Friedlosigkeit war auch der Grundzug dieses in sich verkrampften und fanatischen Denkers, dessen Wahrheiten so unfrei waren wie ihr freudloser Verkünder.

Gefesselt von dem energischen Ernst dieses zeitgemäßen Denkers verbrachte Fiala vier lange Jahre seines Studiums mit der unfruchtbaren Bemühung um ein menschliches Verhältnis zu einem Mann, dessen ganzes Leben in der Abwehr persönlicher Verbindlichkeiten verlief. Ansorges[23] Erkenntnis reichte genau so weit wie das Misstrauen, der sie entsprang, und die einzige Frucht dieses Misstrauens war die Kritik, worin er ein unübertroffener Meister war. Kritik und Misstrauen gegen Alles und Jeden waren die Grundkräfte seines im Kerne weichen Wesens. Das Irreführende seiner Persönlichkeit hatte seinen Grund in der Zwiespältigkeit seines nur nach außen hin eindeutigen Lebens und Denkens. Seiner Herkunft nach ein einfacher Bauernsohn, wurde der Denker durch seinen Beruf zum pathetischen Vertreter eines ‚wissenschaftlichen Bewusstseins'; raffiniert im Denken blieb er primitiv im Leben; streng in der Welt des Geistes, war er doch lässig in der Welt der Sinne; verschwiegen gegen andere und dabei neugierig wie wenige; radikal im Letzten und zu Kompromissen geneigt in allem Vorletzten; kritisch in seinem Fach, blieb er kritiklos außerhalb des Fachs; Jesuit durch Erziehung, wurde er zum Protestanten aus Empörung; scholastischer Dogmatiker durch Schulung und existenzieller Pragmatist aus Erfahrung; Theologe durch Tradition und Atheist als Wissenschaftler; Renegat[24] seiner Tradition

[23] Gemeint ist Martin Heidegger. Die Charakterisierungen dieses Philosophen in Löwiths erster und zweiter Lebensgeschichte ergänzen sich.

[24] Abtrünniger einer Religion oder eines Wertesystems

im Gewande ihres konservativen Historikers; existenzial wie Kierkegaard mit dem philosophischen Systemwillen eines Hegel; so dialektisch in der Methode wie primitiv in seiner Philosophie; thesenartig behauptend aus dem Geiste der Verneinung – sich selbst behauptend, ohne an sich zu glauben – so zwiespältig wirkte der Mann auf seine Schüler, die von der Philosophie nicht nur ein ‚scharfes Denken' sondern auch das wahre Leben lernen wollten.

Redaktioneller Hinweis:

Nachdem der Autor die fünf vorhergehenden Manuskriptseiten durchkreuzt hatte, fügte er folgende Notiz hinzu:

Siehe jetzt – 1940 – Seite 32-54 meiner 2. Lebensgeschichte!

Die dortige Charakterisierung Heideggers fällt entschieden milder aus als in der vorliegenden ersten Lebensgeschichte.

Der Pfahl im Fleisch[25]

»Figlia Ultimogenita Di San Marco
Apparizione Melodiosa
Del Patimento Creatore
E Della Sovrana Bontà.«.[26]

---

[25] Paulus spricht in Korinther 12,1-10 von einem Pfahl, der ihm ins Fleisch gesetzt wurde, damit er nicht überheblich werde. Für Christus akzeptiere er gerne Schwachheit, Verfolgungen, Misshandlungen und Nöte, „denn wenn ich schwach bin, bin ich stark".
Mit *Der Pfahl im Fleisch* ist auch eine der vier erbaulichen Reden Sören Kierkegaards von 1844 betitelt (Gesammelte Werke Bd. 5).
K. Löwiths Brief an Heidegger vom 17.08.22: -Das Verhältnis zu Menschen – genauer „Freundschaft" – ist für mich von jeher der andre Pfahl im Fleisch – die Philosophie der eine.

[26] „Letztgeborene Tochter von San Marco /melodiöse Erscheinung / von leidvollem Schöpfergeist /und von überragender Güte." Die Zeilen sind

In den Vorlesungen des Professors Ansorge lernte Fiala durch einen mit Absicht herbeigeführten Zufall ein Mädchen kennen namens Agnes Schlegel. Das Verständnis dieser äußerst problematischen Existenz bereitete Fiala ungleich größere Schwierigkeiten als die Einübung jener gedanklichen Routine, die zum Begreifen des ‚Problems' der ‚Existenzialität' erforderlich war. Während es sich bei diesem philosophischen Begreifen und *zum Begriff bringen* nur darum handelte, eine als bekannt vorausgesetzte Welt ihrer Farben zu entkleiden und auf den Kopf zu stellen, mit einer grauen Brille sehen zu lernen, welche so geschliffen war, dass sie das Bild der Welt verkehrte, galt es jetzt wirklich sehend zu werden für etwas Ungeahntes, Neues, noch nie Erfahrenes, Einmaliges und Unerschöpfliches, das aller Begriffskunst spottete. Welche Frau wäre jemals in ihren Worten erschöpft? Und welcher Frauen Wort dürfte ein Mann jemals wörtlich nehmen? Agnes schrieb einmal an Fiala:

> „Du findest die Worte sehr ausdrucksvoll und nimmst sie ernst – ich finde sie sehr unzulänglich und spiele mit ihnen; denn das vielfach Verschlungene, Schwebende und Schweifende der Gefühle und Stimmungen, in denen ich lebe, vermögen sie nicht zu fassen. Man muss sich schon um Worte – ‚Philologie' – jahrelang so bemüht haben wie ich, um damit keine Binsenwahrheit zu sagen. O, ich brenne darauf, dir einen Ausspruch Lichtenbergs mitzuteilen, den ich neulich fand: ‚Pindar, Epaminondas, Plutarch – drei Männer, die der *Kartoffelluft* von Böotien, in der sie geboren waren, Ehre machen.' ‚Kartoffelluft von Böotien', du ahnst nicht, wie wundervoll das die Schwerfälligkeit und anständige Beschränktheit dieser griechischen Landschaft trifft. Seitdem ist mir Böotien

---

von dem italienischen Dichter D'Annuncio für den Grabstein der großen Schauspielerin Eleonora Duse, die in Venedig ihren ersten großen Bühnenerfolg feierte und die mit D' Annuncio eine quälende Liebesgeschichte verband.

viel wichtiger als ganz Athen und Rom, da es imstande war, noch nach 2000 Jahren einem Menschen zu einem so reizenden Wort zu verhelfen. Es befällt mich ein leidenschaftliches Entzücken, wenn Platons Sokrates in stundenlangen Dialogen eine Definition sucht und – nicht findet. Findet er sie, so ist er freilich entzückt, den schönen Schmetterling begrifflich festgespießt zu haben. Aber er beruhigt sich doch nie dabei, das taten Winckelmann und sicher Dein schrecklicher Hegel. Aber für mich bleibt der ungelöste Rest, denn wirklich lebendig ist doch nur der Eros auf der Suche nach dem Schönen. Eine schöne Form, ein schöner Gedanke in einem schönen Wort entzückt und schmerzt mich. Ich liebe zwar Deine gute Phrasenlosigkeit und Nüchternheit, aber sie reizt mich auch, und ich verstehe nicht das Verständige, denn es ist bar der wirklichen Wirklichkeit, d. h. der Melodie und des Symbols – zwei Begriffe, die keine sind, aber das Eigentliche und Schönste an den Menschen. Gesicht, Körper – wie selten nicht unvollkommen – Worte, wie unbehilflich, Gestrüpp für den suchenden Königssohn, der zur Prinzessin will. Nur in der Melodie kann man Menschen lieben. Ich weiß, es ist das eine Gefahr, denn man darf nicht stets und überall bis dahin dringen wollen. Vielleicht liebe ich meine Worte über X mehr als sie selbst, denn auch sie war mir ein Symbol, ein Gleichnis, und was heißt da ‚Besitz' und ‚Nähe'? Liebe ich denn wirklich ihr köstliches Gesichtchen oder ihre schönen Hände, ihre süße und unmerklich resignierte Mattheit, das Allzunahe und fast Schmerzliche ihres Verstehens? Mozart, Sterne, Sonne, Rokoko, schöne Frauen, Hölderlin, Plato, Renoir und Zärtlichkeiten, das ist meine symbolische Wirklichkeit."

Wie wenig Fiala, und zwar gerade infolge der Schärfe und Sicherheit seines philosophischen Verständnisses fähig war, dieses fremdartige Wesen von Agnes unmittelbar zu erfühlen, zeigte sich ihm zu seiner eigenen Beschämung weniger im Gespräch, wo stets er der Überlegene, weil allzu überlegte Sprecher war, als in der Korrespondenz. Seine Briefe standen nicht nur an Umfang und Lebendigkeit der Schriftzüge, sondern auch an innerer Weite, Aufgeschlossenheit und menschlicher Reife weit hinter den ihren zurück.

Agnes Schlegel studierte damals klassische Philologie und Archäologie, deren kleine und große Dinge sie mit Leidenschaft liebte und mit Klugheit erfasste. Ihrem Aussehen und Gebaren nach schien Agnes aber nichts weniger als eine ‚Studentin'. Auch als ‚Mädchen' konnte man sie nicht gut bezeichnen, und ebenso wenig hätte ihrer Erscheinung der Titel einer ‚jungen Frau' entsprochen. Ihre Kommilitonen nannten sie den ‚Schatten' und bekundeten damit einen Scharfblick, über den Fernerstehende oft leichter verfügen als die nächsten Angehörigen, deren Auge durch die Nähe ihres Verhältnisses kurzsichtig wird. Sie selbst bezeichnete sich in ihren Briefen an Fiala mit Vorliebe als eine ‚Seeanemone', von diesem Wesen sei es nämlich ungewiss, ob es den Tieren oder Pflanzen zugehöre, es sei ein Lebewesen ‚an der Grenze'; seine Gestalt gründe in keinem inneren Knochengerüst, sondern in dem Halt, den ihm die Wasser des Meeres von außen verleihen. Nur ein Maler wie Renoir hätte den erotischen Zauber ihrer Erscheinung in Farben und nur der Dichter der *Lilie im Tal* und der *Herzogin von Langeais*[27] hätte den innersten Gedanken ihrer Seele in Worte bannen können.

Als sie Fiala zum ersten Mal den Hörsaal seines Denkers betreten sah, erfüllte ihn ein unerklärliches Mitleid, das zugleich Neugier war nach dem geheimnisvollen Leid, welches ihm der krankhaft zögernde Gang ihres zur völligen Reife erblühten und beinahe schon welkenden Körpers sowie die scheu gesenkte Haltung ihres anmutigen Gesichtes, dessen alabasterne Blässe durch den lebhaften Blick dunkler Augen ge-

---

[27] Beide Erzählungen sind von Honoré de Balzac.

steigert war, zugleich verbarg und offenbarte. Fiala hatte an sich schon öfter die beunruhigende Erfahrung gemacht, dass sich sein sympathisches Mitgefühl zwangsläufig immer solchen Menschen zuwandte, welche, in der Sprache des gesunden Menschenverstandes gesagt, ‚schlecht aussehen'. Obgleich er selbst zumeist schon dadurch gut aussah, dass ihm die wenig veränderliche Gesichtsfarbe des Südländers zu eigen war, hatte das schlechte Aussehen der andern für ihn etwas geradezu Faszinierendes. Blasse, leidende, nervöse Gesichter mit bläulich beschatteten Ringen unter den Augen, durchsichtige Zärte der Haut, das unruhige Spiel beweglicher Nasenflügel und Mundwinkel – hinter solchen Erscheinungen eines Mangels an seelischer Dichtigkeit und Stärke witterte der weiche Kern seiner nur nach außen hin widerstandsfähigen Schale eine Wahlverwandtschaft in der ‚Idee' seines eigenen fragwürdigen Daseins.

Sein Blick hatte ihn diesmal auch nicht getäuscht. Weil er gewohnt war, das Aussehen der Menschen sofort existenziell, aus dem Grunde ihrer Seele verstehen zu wollen, konnte es ihm nämlich leicht passieren, dass er den Ausdruck einer trivialen Magenverstimmung bis ins Groteske missverstand und solange nach dem seelischen Befinden forschte, bis sich der andere nun tatsächlich von Grund aus und nicht nur ventral verstimmt fühlte. Auf solche Weise entstanden in Fialas Verhältnissen zu seinen Freunden ständig ‚Existenzprobleme', die in Wirklichkeit gar nicht existierten.

Nachdem Agnes und Fiala die Zaghaftigkeit ihrer ersten Bekanntschaft überwunden hatten, empfing er im häufigen Zusammensein das erste Mal in seinem Leben die Wohltat, so verstanden und geliebt zu sein, wie nur einsame und durch Leid gereifte Frauen einen gleichaltrigen Menschen von geringerer Lebenserfahrung lieben und verstehen können. Und Agnes vertraute sich Fiala mit einer Anspruchslosigkeit an, für deren resigniertes Verlangen er zunächst keine Augen hatte. Denn Fiala war dank seines zehnjährigen Nachdenkens über die Welt und das Leben noch so unwissend in den Dingen des wirklichen Lebens, dass er ohne Bedenken die Freundschaft eines Mädchens annahm, dessen ganzes Wesen ein einziges großes Bedürfnis nach Liebe und eine einzige große Fähigkeit zur Hingabe war. Fiala hatte die gutgläubige Naivität zu meinen, es könne ein 25-jähriger junger Mann mit einer 25-jährigen unverheirateten Frau einfach *befreundet* sein; es gereichte aber seiner Torheit immerhin zur Ehre, dass sein Sinnen ebenso wenig auf eine ‚amitié amoureuse' wie auf eine bürgerliche Ehe gerichtet war, denn die unmittelbare Kraft seiner natürlichen Sinnlichkeit sollte überhaupt erst inmitten dieser Blindheit für das *andere Geschlecht* erwachen. Von der insgeheim das Weib verletzenden Gleichstellung von Freund und Freundin hatte Fiala umso weniger eine Ahnung, als er sich bisher fast ausschließlich einigen wenigen Freunden erschlossen hatte und dies mit einer fast weiblichen Zärtlichkeit und Hingabe, die man romantisch nennen müsste, wenn es anginge, die leidenschaftslose Kameradschaft der meisten seiner Kommilitonen als klassisch zu bezeichnen. Auch seinen eignen Freunden blieb die Bedingungslosigkeit seiner Zuneigung fremd, und er lernte dadurch früh, was es heißt: um einen Menschen in Sehnsucht und Resignation werben – und leiden – müssen – bis an jene Grenze, wo sich die Unmöglichkeit eines freien Verzichts in Hass gegen den andern verwandelt.

Ganz abgesehen von der ohnedies schon so verhängnisvollen Neutralisierung der Geschlechtsdifferenzen innerhalb des studentischen Milieus, kam Fialas instinktiver Neigung zu der gefahrloseren Form einer bloßen Freundschaft auf Agnes' Seite eine nicht minder ausgeprägte Scheu vor der Wirklichkeit entgegen. Der positive Ausdruck ihrer Flucht vor den Realitäten ihres Geschlechts war auch bei Agnes eine maßlose und gefahrvolle Art und Weise, sich in exklusiven Freundschaften – zu Frauen – auszugeben. Die Einseitigkeit ihrer Freundschaften kam nur ihr selbst zum schmerzlichen Bewusstsein, denn ihre Leidenschaft war ohne jede Aggressivität. Im Grunde bestand sie aus einer pathologischen Sensibilität für die gestaltlosen

Ausströmungen ihrer Mitmenschen. In ihrer Störbarkeit durch das bloße, reizvolle Dasein der andern glich sie durchaus ihren geliebten ‚Seeanemonen'. Der geistesabwesende Blick eines Bahnbeamten, die Weiße eines plötzlich auftauchenden Mädchenhalses, der Duft eines Haares konnte sie stundenlang fesseln und irritieren; solche sogenannten Kleinigkeiten und Zufälle des Alltags wurden für Agnes zu Sensationen, über denen sie das Signal ihres Zuges oder die Bezahlung eines Einkaufs und das Verlassen eines Hörsaals überhörte, übersah und vergaß. Ihrer absoluten Impressionabilität widersprach nicht ihre ungewöhnliche Begabung, diese unaufhörlich zuströmenden Einflüsse mit psychologischem Scharfblick zu zergliedern und in Worten festzuhalten. *Gefühl ist alles, Name ist Schall und Rauch*, mit diesem Ausspruch pflegte Agnes zwar Fialas allzu bestimmtes Verstehen-Wollen abzuschneiden, aber sie verstand sich wie wenige Frauen darauf, ihren Gefühlen einen klaren wörtlichen Ausdruck zu geben – sobald sie an Fiala schreiben konnte und nicht sprechen musste.

Bei diesem primären Leben in Gefühlen blieb es auch dann noch, als sie sich späterhin die Fraglichkeit ihrer Existenz mit den Dogmen der orthodoxen Theologie beantwortete und mit dem unverrückbaren ‚Wort' der Bibel der unberechenbaren Veränderlichkeit ihrer Lebensstimmung Einhalt zu gebieten versuchte. In Wirklichkeit stand sie auch noch als Studentin der neuesten und ältesten Dogmatik protestantischer und katholischer Theologie wider Willen nicht in der eindeutigen Nachfolge des Thomas von Kempis[28], sondern in der Nachfolge der von ihr perhorreszierten ‚Gefühlstheologie' des vieldeutigen Romantikers Schleiermacher.[29]

---

[28] Thomas von Kempen, 1380 in Kempen geboren. Augustiner-Chorherr, Mystiker, geistlicher Schriftsteller des 15. Jahrhunderts.

[29] Friedrich Ernst Daniel Schleiermacher, 1768-1834 , Theologe und Philosoph, Vertreter des deutschen Idealismus und der Romantik. Seine *Ver-*

Wie sehr sich in der Art ihrer Menschenkenntnis Impression und Analyse durchdrangen, zeigen ihre Briefe an Fiala, deren wir hier einige wortgetreu einfügen werden, weil sie Agnes' Wesen in einer Weise verdeutlichen, wie es nur Briefe geborener Briefschreiber tun. Solche geborenen Briefschreiber sind aber das Produkt des Widerspruchs zwischen einem ursprünglichen Bedürfnis nach Mitteilung und einer erworbenen Resignation. Ihre Briefe haben daher auch gar nicht den Zweck zu korrespondieren; ihr Korrespondent ist nur der gleichsam zufällige Adressat eines Selbstgesprächs, welches sich aussprechen will. Und je weniger Agnes imstande war, sich in der Unmittelbarkeit des Gesprächs zu geben, desto ausgeprägter wurde ihre Fähigkeit, sich brieflich zu formulieren. Während der Briefwechsel im allgemeinen ein schlechter Ersatz für den Wortwechsel ist, hatte für Agnes und Fiala die Korrespondenz eine primäre Bedeutung; eigentlich verstanden sie sich überhaupt nur aus der Entfernung der Korrespondenz, welche jedem der beiden Flüchtlinge vor allzu naher Gegenwart erlaubte, ihr inneres Leben einander mitzuteilen. Wenn er es recht bedachte, musste sich Fiala die ebenso häufige wie sonderbare Tatsache eingestehen, dass er die wesentlichen Stadien seines Verhältnisses zu Agnes überhaupt nur schriftlich, korrespondierend und mithin literarisch, durchlaufen hatte, dass die ganzen Entwicklungen und Verwicklungen ihres Verhältnisses Entwicklungen und Verwicklungen ihrer Korrespondenz waren. In immer neuen Briefen die erstarrte Form dessen, was sie einander zu sagen hatten auflösend, verstrickten sich Agnes und Fiala immer wieder in dem Gestrüpp ihrer eigenen Formulierungen. Während aber Agnes ihre Formeln unbedenklich fallen ließ und wechselte, hielt Fiala mit philosophischer Zähigkeit den einmal fixierten Leitgedanken seiner Briefe fest und dachte ihn zu Ende, d. h. zu Tode, mit einer Konsequenz,

---

trauten Briefe über die Lucinde (1800) würdigen einfühlsam den Roman *Lucinde* (1799) seines Freundes Friedrich Schlegel.

welche das verdächtige Merkmal aller philosophierenden und nicht philosophierenden Systematiker ist – verdächtig, weil nichts leichter und irreführender ist als das bloß folgerichtige Aus- und Weiterdenken eines auf sich stehenden Gedankens.

Agnes war auf kurze Zeit zu Besuch ihres Vaters verreist und erkrankte dort vorübergehend an einer Grippe, die sie auf eine ‚Idee' brachte, deren Äußerung Fiala zwar erschreckte, aber nicht im mindesten überraschte, so vertraut und selbstverständlich war ihm der Gedanke an den radikalen Ausweg, welchen Agnes' erster Brief an Fiala enthielt.

> „Der Tag meiner Rückkehr ist unbestimmt – Grippe, wie sie heute jeder anständige Mensch hat. Im Bett ist man doch wenigstens bei sich, hat, was man braucht, außerhalb der Gefahr der Zerstreuung in die Außenwelt. Ein reizendes Zimmermädchen ist rührend besorgt, Vater und Tante werden strengstens ferngehalten. Je höher die Temperatur, desto besser – unendliche Einfälle! Gehst du jetzt Skilaufen? Ich denke sehr gerne an den weißen Schnee, denn er ist so strahlend anspruchslos und eindeutig. Hier kann ich nur die Tapete meines Zimmers betrachten. Von der Decke bis zum Boden lange rosa Streifen, endlos aneinander gereiht und dazwischen ebenso endlose Streifen mit linsenförmigen Gebilden, die von Pünktchen umspielt werden. Es ist, als ob Heerscharen von Wanzen mit ihren punktähnlichen Kindern unaufhaltsam einem unbekannten Ziel zuströmen. Es hat etwas Imposantes, das Ziel ebenso wenig zu kennen wie sie. Ich bin eine ideale Patientin – Patienten sind wir im Grunde alle, ideale sehr wenige. Wie ich auf meinen Arzt kam, das weißt du sicher nicht (wie so manches andere); habe ich doch eine altjungferliche Scheu vor Ärzten, der einzige Punkt, in dem ich erschreckend unmodern bin. Mein Arzt beruhigt mich aber durch seine ergreifende Nase. Um seiner Nase Willen vertraue ich mich ihm völlig an. In der Ferne gewahrst du sie nicht gleich, da siehst du nur

einen älteren, beleibten, leidlich eleganten Herrn mit einem Kopf und Bart à la Henri IV. in der Haltung eines galanten Bären. Das würde mich zwar ängstigen, aber die Nase verjagt jeden Schatten an Furcht. Sie beginnt alltäglich an der Wurzel rot und dick und verläuft wie ein stolzer Kai ins Meer – plötzlich ein kühner Knick nach links, als ob sie einen hübschen, geruhigen Hafen für das Auge bilden wollte, das sich in der Tat liebevoll in diese natürliche Bucht versenkt. Das andere flieht in die obere Ecke der anderen Seite. Man weiß also nie, wann er einen ansieht. Dadurch verliert die obere Partie jeden Ausdruck, und die Nase herrscht gewaltig in ihrer grotesken Unform. Gemütsbewegungen lassen sich also nicht ablesen; nur der Mund hat vielleicht etwas Genießerisches. So ein Gesicht ist ideal; wenn du so aussähest, gäbe es kein Miss- oder noch fataler Verständnis zwischen uns. Ja, das ist mein voller Ernst, ich finde ein Gesicht, das undurchdringlich ist, viel bequemer; man hört dann nur die Worte und kann den Worten glauben, da nichts im (fehlenden) Ausdruck des Gesichts der Wahrheit der Worte widerspricht. So ein Mensch kann in der Tat alles verbergen, während ich bei den meisten immer noch etwas außer den Worten sehe, fühle und höre, wovon ich weiß, dass ich es eigentlich nicht sehen, fühlen und hören sollte."

„Ich bin unruhig. Alles langweilt sich in Grün, und überall stehen Pelargonien[30] in ihrem dummen, breiten Rot. Wo sind denn die gelben Azaleen, die im Regen und Trüben noch wilder leuchten als in der Sonne. Meine Tante hockte sich in den türkisenen Abend hinein, wie eine Pfauhenne, so schläfrig. Sie ist ein Bündel aus weichen dunklen Stoffen, schwarzen Litzen und Spitzen und süßem welkem Fleisch. Wenn man sie küsst, so schmeckt

---

[30] Storchschnabelgewächse

sie wie ein vertrockneter Pfirsich. Sie trägt abends ein stahlblaues Seidentuch, und ihre leidenschaftlichen bösen Augen schlafen hinter dem schwarzgeränderten Kneifer. Die spiegelnden Gläser machen sie unschädlich und tot; gewiss, sie liebt mich nicht, aber sie ist eifrig und freundlich, mir Wohlwollen vorzutäuschen. Wie sie hassen kann, wie sie meine Mutter hasst! Und wie sie ihre Gefühle konserviert, durch Jahre und Jahrzehnte. Ihr Temperament hält sie jung, aber jetzt ist sie meist schläfrig, wenn sie nicht Zeitung liest oder isst. Sie sitzt im Sessel, die Hände in der Mitte zusammengelegt, die Füße beieinander, und das eisengraue krause Haar steht um das alte, weiche Gesicht. Sie ist wie ein alter Pilz, so rundlich und verfallen. Ihre Lippen sind fein und böse. Oft steht sie auf, um dies und jenes unnütze Ding zu holen oder wegzustellen. Ich lasse sie ruhig aufstehen.

Das künstliche Licht ist so grell, elektrische Lampen bejahen mir zu objektiv. Draußen ist Nacht, und manchmal fällt etwas hart von einem Baum. Im Haus ist es noch nicht ruhig. Dagegen fühle ich mein Herz schlagen. Ich kann ihm zuhören und finde es beruhigend. Früher hat es mich zu Tode geängstet, und ich erinnere mich, dass ich oft und verzweifelt die Lage wechselte, um den furchtbaren, unerbittlichen Rhythmus nicht hören zu müssen. Ich habe früher auch keine Sanduhren sehen können und in dem Badezimmer, wo sie hingen, nur ungern gebadet. Warum ist es bloß so laut draußen? Hunde, Menschen, Autos. Wo steckt eigentlich M. v. G.[31]? Aber du weißt wohl noch gar nicht, wer das ist – nun, ein wunderbares Erlebnis, natürlich von mir, ganz nach meinem Herzen. Die Tante schickte mich eines Abends fort, ich sollte Verschiedenes besorgen. Genau um 6 Uhr sollte ich wie-

---

[31] Konnte bisher nicht identifiziert werden

der im Hotel sein; diese Ziffer stand nun wie ein drohender Fixstern vor meinen Augen, als ich in ein überfülltes Geschäft eintrat und plötzlich – 7 Minuten vor sechs – einen blendend weißen, schlanken Nacken entdeckte; tief ausgeschnitten, dann ein eleganter schwarzer Pelzmantel, der eine schlanke Figur umhüllt. Die Haut ist so frisch, das Geschöpf kann keine zwanzig sein. Der Hut etwas schmuddelig, die Lackschuhe ein bisschen schief getreten, eine etwas zweifelhafte Eleganz. Aber dieser unerhört weiße und schöne Hals, er ist hinreißend. Ich stehe hinter ihr, sie spricht mit einer älteren Dame, deren Eleganz schon nicht mehr zweifelhaft ist sondern höchst eindeutig. Wenn ich doch ihr Gesicht sehen könnte – aber plötzlich fürchte ich mich davor, ihr Gesicht zu sehen; da wendet sie sich auf einmal um und sieht mich lange und gründlich an. Nie habe ich ein so vollendetes Antlitz gesehen, klassisch und doch weich in den Linien, großartig und von der sorglosen kindlichen Ruhe, welche die vollkommene Hetäre ausmacht. Drei Minuten vor 6! Vielleicht, dass ihre sehr schön geschwungenen Lippen ein wenig gefärbt sind, aber es beeinträchtigt nicht ihre natürliche Schönheit, im Gegenteil. Ich bekomme mein Paket und habe keinen Vorwand, noch zu zögern. – Um 6 Uhr bin ich wieder bei der Tante im Hotel – für viele Stunden schwer und hoffnungslos verliebt. Ich lese nicht, ich denke nicht, ich träume auch nicht und musiziere nicht, es ist etwas von jedem, und ich müsste mir ein Wort erfinden, welches zugleich Begriff, Musik, Plastik und Traum wäre."

„Es gibt nichts Schöneres auf der Welt als Frauen, aber um in diesem Entzücken verstanden zu werden, muss man schon zu Männern gehen, aber zu besonderen, zu Dichtern, ja vielleicht nur zu diesen. Aber, um in Hyperbeln zu sprechen: Niemand erfasst Frauen so wie ich, so ganz und nackt in ihren Schwächen und Größen, nein niemand kann sich so an der Melodie einer Frau berauschen. Als Mann in eine Frau verliebt zu sein, das ist kein Kunststück – meist blind und immer fordernd, gar nicht mit dem zu vergleichen, was ich meine. Aber so, jede einzelne leiseste und zarteste Bewegung des Körpers und der Seele auswendig mit einer grausamen und süßen Deutlichkeit zu kennen, ganz ohne moralisch, ja nicht einmal ästhetisch zu werten, sondern nur der verzaubernden Melodie zu lauschen, nach der sich alles regt und bewegt – das wird unter allen Formen des Eros für mich immer die schönste sein und vielleicht auch die höchste, nein – denn es gibt Gedanken, die noch schöner sind als Frauen."

„Manchmal, wenn ich Inventar aufnehme, dann finde ich, dass solch ein weißer Nacken, das Lächeln einer Frau, der Gruß einer Freundin, der Blick eines Fremden das einzige ‚Wirkliche' ist, was ich besitze. Dich besitze ich nur sehr selten, denn ich vernehme nur in seltenen Augenblicken Deine ‚Melodie'. Kennst Du sie? Es ist die Melodie eines russischen Volksliedes, welches wir einmal zusammen in Rom gehört haben. Manchmal habe ich das Gefühl, ich müsste dich noch einmal zur Welt bringen, Dich aus Dir herausschälen. Dein Kern muss so zart sein wie bei einem Russen. Am schönsten bist du vielleicht, wenn du gar nichts sagst und denkst, denn was Du denkst und sagst, ist meist so richtig wie verkehrt. Wenn Du schweigend vor Dich hinblickst, kann Dein Gesicht einen geradezu klassischen Ausdruck bekommen; es gibt dir dann die Anwartschaft auf die Kalokagathia[32] eines Menschen der Spätantike. Neulich überlegte ich mir, welches von Deinen Gesichtern (sie wechseln außerordentlich) mir am besten gefällt. Ich schwanke, ob ich den in-

[32] Griechisches Ideal der körperlichen und geistigen Vortrefflichkeit.

dignierten oder den unbeschäftigten Ausdruck vorziehen soll. Der indignierte tritt ein, wenn Du Dich von mir in etwas Wesentlichem missverstanden oder ausgelacht glaubst, selbst aber zu stolz oder zu vorsichtig bist, um Dich zu verteidigen. Du ziehst Dich dann geduldig und gelassen auf die Insel der Märtyrer zurück. Und das sieht reizend aus. Es ist nur ein ganz kurzer Ausdruck, der durch „gekränkte Unschuld" nicht ganz erschöpft wird und musikalisch nicht darstellbar ist, weil er zu viel Überlegung enthält. Aber auch der andere, der unbeschäftigte, scheint mir nicht musikalisch. Ich habe ihn selten bei Dir beobachtet. Du hast ihn, wenn du an gar nichts oder an etwas Gleichgültiges denkst, ohne Für und Wider, ohne Affekte und Anstrengung, ganz allein, mit Dir, bei Dir und im Grunde fern von Dir, ja ohne Dich so mal über die Straße gehst. Es sieht dann aus, als ob sich Dein Gesicht in seiner Form wohlfühlte, ohne dafür das Empfinden zu haben. Es erreicht dann einen Grad von Reinlichkeit, der es beinahe interessant macht, wenn Reinlichkeit überhaupt etwas Interessantes wäre."

„Ich liege noch immer zu Bett und verfolge das unbekannte Ziel der Tapetenwanzen. Über der Längsseite des Bettes hängt ein alter Stich. Da kniet ein Mensch mit gefalteten Händen an einem Fels, und vor ihm steht ein etwas zu großer Kelch. Sonst ist alles dunkel, der Mensch blickt nach dem Himmel, der sich ein wenig öffnet. ‚Lass diesen Kelch an mir vorübergehen' oder ‚Herr, Dein Wille, nicht mein Wille geschehe'? Ich weiß nicht recht, ob dies oder jenes, ich meine aber, es ist: ‚Lass diesen Kelch an mir vorübergehen.' Denn das verstehe ich ganz gut, zu gut. Aber, es ist wohl der andere Spruch gemeint. Sicher sogar, denn jetzt sehe ich, dass aus dieser Spalte des Himmels ein großer Glanz herabfließt. Also, ‚nicht mein Wille, sondern Dein Wille geschehe.' Nun, vielleicht verstehe ich das auch noch einmal. Das wäre also meine

Umgebung. Wie wohl ich mich fühle. Mehr denn je losgelöst. Diese winzig kurze kleine Krankheit hat mir wieder den Mut zu dem Abenteuer gegeben, welches das Leben ist. Übrigens sind 40° Fieber eine gute Gelegenheit, sich unauffällig aus einer missliebigen Affäre zu ziehen. Es kommt nur darauf an, ob man nachgibt. Auch hier handelt es sich wie überall um Widerstehen oder Nachgeben – to be or not to be! – Das Nachgeben ist naheliegender, das Widerstehen aber reizvoller."

„Du hast mir Kierkegaards *Entweder – Oder* geschickt. Ich erstaune auf jeder Seite, in jedem Ausspruch, oft bis in die einzelne Wortwahl hinein zu sehen, dass dieses Buch schon lange in meinem Leben gewesen sein muss. Es wird mir nichts anderes übrig bleiben, als den ganzen Kierkegaard von vorne bis hinten zu lesen. Denn, wer in einer Abhandlung Dinge sagt, die so unerhört wichtig für mich sind, der hat an anderen Stellen sicher anderes, was ebenso wichtig sein könnte. Dass seine Ideen über Don Juan ins Schwarze treffen, liegt eben einfach daran, dass er überhaupt eine unbedingte Autorität auf dem Gebiete der Erotik ist, ein Fachmann. Aber noch wichtiger ist mir seine merkwürdige Beziehung zum Leiden. Das erscheint mir verwandt, und ich hätte endlich, was ich so lange suche: das Verwandte. Ich finde so vieles wieder, was ich selbst bin, aber noch viel mehr, was ich nicht bin und wozu ich doch die Möglichkeiten habe. Vielleicht stehe ich sogar ganz und gar in Kierkegaard. Vielleicht käme ich aber auch gar nicht für ihn in Betracht. Er würde mich wohl als krank bezeichnen. Ich weiß nicht, ob ich das von Anfang an war. Das ständige Bewusstsein einer äußeren Hemmung kann im Laufe der Zeit so entscheidende Veränderungen hervorbringen, dass sie unausrottbar werden. Jedenfalls, er muss weitergelesen werden. Ich hätte nie gedacht, dass es so etwas auf der Welt gegeben haben könnte, was so viele und merkwürdige

Übereinstimmungen mit meiner Art zu sein, zu denken und zu fühlen aufweist. Was ich verworren, unklar und gehemmt bin, das finde ich hier in eine Region der ästhetischen Klarheit gerückt. Ich bewundere sein Buch, und es gehört mir; vieles habe ich schon wörtlich ebenso gedacht und formuliert wie er. Sein Verhalten zu *Cordelia* hat aber einen großen Haken – dass er es ‚Liebe' nennt. Dies ist einfach nicht wahr, es ist eher alles andere. Denn gerade das, was ‚alles andere' zur ‚Liebe' machen könnte, fehlt hier: die Sorge um das Wohl des andern im ethischen Sinne. Im ästhetischen Sinn hat er sie für Cordelia natürlich gehabt – so sehr, dass sie völlig bedeutungslos wurde, als er sie endlich dorthin gebracht hatte, wohin er sie haben wollte. Auch dass er sie ruhig leiden lässt, empört mich nicht, denn es ist ja wirklich besser zu leiden, als gar nicht zu leben und an einer Liebe zu Grunde zu gehen, als gar nicht zu lieben. Trotzdem ist es furchtbar für Cordelia, und mich ekelt dieser ‚Verführer', zu dem Kierkegaard alle Möglichkeiten gehabt hat. Aber als ein Wesen, das in zahlreichen, abenteuernden, resignierten, gewagten und geschauspielerten Mädchen – und sonstigen Freundschaften existiert, dünkt mir doch sehr bewundernswert die raffinierte Kultur einer solchen Veranlagung. Was mich betrifft, so vergiss nicht, dass alles zutrifft, was man in dieser Hinsicht über mich denken oder sagen kann – dass alles und nichts zutrifft, weil ich den Ansatz zu allen Möglichkeiten habe, aber nie die geringste Möglichkeit zu einer reellen Verwirklichung einer dieser Möglichkeiten! Man nenne das, wie man will – krank, dekadent oder verrückt. Es macht mein ganzes kleines Leben zu einem zwecklosen Spiel an der Grenze mancher Möglichkeiten, aber immer an der Grenze, die ich nicht überschreiten darf, ohne an der brutalen Wirklichkeit zu Grunde zu gehen. Wie ich damit fertig werde, das ist ja meine Last und meine Beschäftigung neben, über, unter und mitten in der ‚Doktorarbeit'. Aber sei vernünftig und gut zu mir. Du weißt, wie sehr ich das brauche. Manchmal ist es mir, als wüsstest Du es nicht."

„Nie lebe ich im Eigentlichen, aber aus jeder Beziehung mache ich mir ein unerreichbares Symbol des Eigentlichen. Ich werde das Eigentliche auch dann nicht haben, wenn ich sehr liebte – und so nähere ich mich allerdings stark dem ‚Unglücklichsten' Kierkegaards. Denn auch Du kannst mich und willst mich nicht lehren die Möglichkeit, welche ich bin, als solche positiv zu nehmen. Weshalb genüge ich niemandem als eine bloße, schöne Möglichkeit? Warum beweist Du mir nicht, dass für mich bloß die Möglichkeit sinnvoll ist? Warum zwingst Du mich noch tiefer in den Gedanken hinein, dass es furchtbar ist, nie wirklich sein zu können. Beweise mir doch lieber das Gegenteil! Einen ‚Schatten' nennen mich meine Kommilitonen, ja, aber wie kann man Schatten beschwören? Odysseus brachte sie in der Unterwelt auch nicht zum Reden; erst als sie Blut getrunken hatten, konnten sie antworten. Vielleicht müssen Schatten Blut trinken, um lebendig zu werden, aber ich glaube nicht, dass es lange wirkt. Auch gab mir bisher niemand Blut zu trinken, und so ist es wohl kein Wunder, wenn der Schatten ein Schatten bleibt."

„Also, ich habe einen Plan. Ich möchte mein Leben verkaufen, ich möchte es los sein, denn es langweilt und ängstet mich. Immer dasselbe, und nun schon wieder ein neues Jahr, und wenn ich an den Anfang des vorigen denke und weiß, dass sich all dies in etwas anderer Fassung immer nur wiederholen kann, so habe ich es gründlich satt. Andere Leute verkaufen ihre Möbel, Hunde und Bücher – ich verkaufe mein ganzes Leben. Ich bin überzeugt, dass sich bei dem heutigen Stand der Mark im Ausland sehr leicht ein Käufer finden wird. Ich denke mir die Sache so: Ein Amerikaner oder Japaner hat einmal etwas von ‚Gefühlen‘ gehört, weiß aber nicht, welches Gefühl er mit solchen Worten wie Langeweile, Verliebtheit, Entzücken und Überdruss verbinden soll. Aus europäischen Büchern kann er es nicht kaufen. Er geht also besser an die Quelle und kauft sie sich frischweg vom Menschen, der all das besitzt und los sein will. Dazu muss er mich aber ganz und gar kaufen, denn wie sollte er mich bezahlen? Wenn ich kein Leben mehr haben will, brauche ich das Geld doch erst recht nicht. Außerdem ist die Überleitung meiner Lebensgefühle in einen andern ein schwieriger Prozess, der nicht mit einmal abgetan sein kann, sondern ständig erneuert werden muss, wenn es ehrlich zugehen soll. Ich schließe nun einen Kontrakt mit meinem Käufer. Der Verkauf meiner Gefühle geht so vor sich: Du kennst vielleicht noch nicht den kleinsten Finger an meiner linken Hand. Er ist zarter und schwächer als der rechte, er ist überhaupt mein Liebling, er ist wie etwas, was schon beinahe nicht mehr zu mir gehört, er ist die Verbindungsbrücke zwischen mir und dem Draußen. Dort wird einfach eine kleine Ader aufgeschnitten, und ich konzentriere mein bisschen Lebenswillen und dergleichen dahin, und es tritt heraus, schwankend, zart, farbig und zerbrechlich wie eine Seifenblase. Mein Käufer braucht sie nur zu schlucken, so hat er mein Leben mit all seinen Gefühlen und wird es sehr bald zur Genüge am eigenen Körper spüren. Ich also bin nun ohne diese Gefühle, aber doch nicht tot, denn es erneuert sich immer ein klein wenig, und alle 24 Stunden muss sich mein Käufer das, was sich an Lebensstoff angesammelt hat, bei mir holen. Das wird er gerne tun, denn ein bisschen spleenig muss er schon sein, das beweist ja der ganze Kauf. Er muss mich also – das ist seine Gegenleistung – bei gelinder Lebendigkeit erhalten. Den Kontrakt muss er mit seinem Ehrenwort als Gentleman beschwören. Denn ich bin ja völlig wehrlos. Er muss mich in ein hochgelegenes Zimmer bringen, das vollständig aus klarem, indifferentem Glas besteht. Darin befinden sich bloß ein Divan aus Glas und eine schöne große Badewanne aus Glas, aber ohne jede Verzierung. Ferner darf keine gerade Linie im Zimmer sein, alles muss aus Kurven bestehen. Der Raum, ein großes Oval, die Fensterhöhlungen oval, nicht zu stark gekrümmt, denn das wäre zu lebendig; aber erst recht nicht gerade, denn das wäre zu abstrakt. Der gelinde und müde Fluss einer mäßigen Kurve ist gerade das Rechte. Alles muss mit bräunlicher Seide verhängt sein. Braun ist die einzig wahre Farbe für meinen Grenzzustand. Ein ganz mattes Braun, das ist ohne Licht und Freude, an der Grenze von Hell und Dunkel und musikalisch doch bestimmt. Alle gläsernen Wände, der gläserne Boden und mein gläserner Divan sind dicht mit mattbrauner Seide bedeckt. Zwei große Fenster bleiben frei, eines nach Osten, das andere nach Norden. Ich nehme an, dass mein Käufer mich in einem Wolkenkratzer an der Küste des Ozeans unterbringt. Mit dem Auto kann er jeden Abend aus der City zu mir kommen, um sich von mir Gefühle zu holen. Seine übrigen Pflichten bestehen in einer Kleinigkeit, die er bei einiger Übung schnell abfertigen kann. Ich liege doch ohne eigentliches Leben auf meinem gläsernen Divan, bin aber noch nicht tot, sondern behalte von meinen Gefühlen folgende bei mir zurück: 1. das Bewusstsein, vom Leben erlöst sein zu müssen; 2. eine gewisse Sehnsucht, die zum größten Teil Hass gegen die Anziehungskraft der Erde ist. Weiter nichts. Das genügt. Mein Käufer bezahlt mich also, indem er mir dies schöne Zimmer aus Glas gibt mit der vielen braunen Seide; ferner muss er mich in der gläsernen Wanne baden und in ein großes Stück Seide wickeln, alle drei Tage in ein neues, immer braun, aber endlos schattiert: vom gelblichen Braun der Nachtfalter bis zur Kastanienfarbe. Dann muss er mich aus kleinen gläsernen Schüsselchen füttern, mit etwas Milch und Honig, Marzipan und kleinen Nüssen. Das genügt, um immer wieder ein wenig Lebensstoff in mir zu unterhalten. Ferner muss er eine kleine braune Sklavin mir verschaffen, die zu Füßen meines Divans sitzt und mit gläsernen Ringen spielt. Sie muss ganz jung sein und doch wie eine uralte Frau aussehen und ihre großen braunen Augen müssen ganz ohne Hoffnung sein und alles Unglück der Erde widerspiegeln. Sie muss stumm sein und immerzu die gläsernen Ringe ineinander stecken; es wird mit einigen Kombinationen immer ein und dasselbe Muster ergeben, und ich werde zusehen dieser kleinen Sklavin mit ihren toten Augen und ihrem ewig gleichen Spiel, und dann werde ich wissen, dass ich nicht viel verloren habe, als ich mein Leben verkaufte.]a, oft wird sich das Bewusstsein, das Leben – wie es da vor mir steht und immer dasselbe spielt – los zu sein, zu einer dämonischen Freude steigern, und mein Käufer wird sich dann über das sonderbare Gefühl wundern, welches ich ihm dann übermittle. Wenn er im Auto sitzt, eine Zigarette anzündet und in den Club fährt, wird er dieses gewaltige erlöste Gefühl spüren und zu sich sagen: ‚Very nice indeed'. Und überhaupt, wenn ihn mitten in der Gesellschaft oder am Telefon in einer geschäftlichen Unterredung Ekel oder Entzücken überfällt, so wird er das als Silvesterscherz betrachten und schmunzeln. Er wird also zufrieden sein mit mir. Der Kauf rentiert sich durch die Gefühle, die er schluckt und ich bin mein Leben los und liege auf dem gläsernen Divan, in braune Seide gewickelt. Durch die hohen Fenster sehe ich nur Himmel und Wolken, sonst nichts. Morgens erscheint ganz kurz die Sonne im östlichen Fenster und nachts der Mond. Sonst bin ich ohne Licht. Ich sehe aber ein gewaltiges Stück Himmel im Widerschein des Lichts, und das genügt. Der Kreislauf des Lebens lässt sich an diesem Stück Himmel ablesen; ein zartes Blau im

Frühling, ein tieferes im Sommer, der schrägfallende Regen im Herbst und der endlos sinkende Schnee im Winter. Immer höre ich die Stimme des Windes und die gewaltigere des Ozeans, wechselnd und immer die gleiche. Vielleicht kreuzen dann und wann ein Paar Vögel die Fenster, und ich beneide sie vielleicht, weil sie noch leichter sind als ich. Ich möchte immer leichter werden, denn meine Abneigung gegen die Macht der Erde wird immer größer. In meinem von Gefühlen entvölkerten Zimmer wächst die Sehnsucht, und je ärmer an Lebensstoff ich werde, desto mehr breitet sie sich aus. Bald wird sich mein Käufer über mein geringes Gewicht wundern, denn schon liege ich fast nicht mehr auf dem Divan, sondern schwebe beinahe darüber. Diese Sehnsucht füllt den lebensleeren Körper wie ein Stoff, der leichter ist als Luft. Sie hat aber nicht nur das Gewichtslose der Luft, sie hat eine entschiedene Richtung und innere Geschwindigkeit, die rapide wächst im Verhältnis zur Loslösung von der Erde. Und wenn einst wieder die Sonne aus dem Ozean taucht, dann wird diese Sehnsucht den letzten kleinen Rest von Leben aus dem Körper herausreißen und das dunkle Mittlertum der Erde überwindend geradewegs und mit Lichtgeschwindigkeit in den großen Lebensquell hineinstürzen und verbrennen. Sie wird die Atmosphäre der Erde durchschneiden und im Bannkreis der Sonne nicht mehr wissen, ob sie selbst ihr zustrebt oder ob sie von ihr eingesogen wird. Es kommt ja auch auf dasselbe heraus, und es ist die Tat oder das Leiden einer Sekunde, und dann ist alles vorbei. Wenn abends mein Besitzer kommt, wird er merken, dass ich nichts zu mir nehme, den Kopf schütteln und dann die Seide des Divans unserem Kontrakt gemäß anzünden. Das ganze Zimmer wird in einem schönen, reinen Feuer ausbrennen mit der kleinen Sklavin, und es wird nur bleiben, was aus

Glas ist. Aber auch dieses wird trübe sein und bald zerfallen.

Siehst Du, das möchte ich. Kauft mir doch mein Leben ab, ich gebe es ja billig hin. Was soll denn noch kommen? Immer dasselbe, weil ich immer dieselbe bleibe. Nehmt es ab, es ist mir zu schwer, und ich möchte ganz leicht sein, nichts mehr zu denken und zu fühlen brauchen, nur ein wenig Sehnsucht zurückbehalten, die das Irdische überwindet."

Die voranstehende Briefreihe erfuhr dann eine längere Unterbrechung durch einschneidende Veränderungen in Agnes' äußeren Lebensverhältnissen. Die Veränderung hatte ihren Grund in der unphilosophischen Realität des durch Kant berühmt gewordenen philosophischen Unterschieds zwischen 100 wirklichen und 100 vorgestellten Talern. Agnes musste ihr Studium aufgeben und notgedrungen eine Stelle als Privatsekretärin einer AG. annehmen. Aus dieser Zeit stammt folgender Brief:

„Mein Chef imponiert mir grenzenlos. Er ist 24 Jahre, also jünger als ich. Sohn eines Großindustriellen, von einer fabelhaften und brutalen Tüchtigkeit. Seine Geschwindigkeit und Leistungsfähigkeit ist märchenhaft; wie ich da mitkommen soll, ist mir noch schleierhaft. Alles muss im Fluge gehen: Stenographieren, Tippen, Suchen und Finden. Außerdem ist er ein einfacher und ordentlicher Mensch, aber schnell unfreundlich und nervös; dann entschuldigt er sich und sagt ‚Das darf Sie nicht stören.' Dazu sitzt er in seinem Armstuhl und sieht einen nachdenklich und prüfend an und sagt dies ohne irgendwelche Sentimentalität, nur konstatierend. Als Mensch ist er äußerst uninteressant. Er diktiert mir die langweiligsten Privatbriefe an Freunde und Verwandte, er würde mir sicher auch an seine Braut diktieren, doch die ist nun seine Frau, umtrieft von Petroleum und millionenbeschwert. Jemand wünschte ihm am Telefon eine schöne Hochzeitsreise. Da sagte er ganz einfach und zufrieden: ‚O ja, in Italien ist immer schönes Wetter.' Ist das nicht hinreißend, da er's so echt und absolut vernünftig meint und durchaus nicht ironisch. Trotz seiner Sicherheit ist er aufbrausend und rücksichtslos. Aber später wird er vollendete Höflichkeit mit vollendeter Kälte und vernünftiger Brutalität vereinen. Ob ich mich werde anpassen können, das ist zum Teil Willenssache, zum Teil eine psychische Frage."

Trotz der erstaunlichen Energie, mit der sich Agnes in ihre neue Lage fand und um die Verbesserung ihrer Lebensbedingungen kämpfte, blieb ihr Wesen von allem äußeren Wechsel so unberührt, wie das Schicksal von den Zufällen. Zwei Jahre nach dem zuletzt reproduzierten Brief ertönt wiederum das düstere Leitmotiv ihres Lebens:

> „Mein Wunsch steht nach einer soliden Grippe, da kein Bazillus so barmherzig ist, mir die Wahl zwischen den verschiedenen Übeln zu ersparen. Ich denke gar nichts, höchstens de profundis[33], aber ohne die Hoffnung auf Erhörung. Manchmal denke ich freilich an jenes Wort bei Paulus, dass Gott getreu sei und niemand über seine Kräfte prüfe. Auch fällt mir ein altes Gedicht von dem Pilger ein, dem sein Kreuz zu schwer wurde und den ein Engel in den Garten führte, in dem die Kreuze der Menschen aufgestellt waren. Der Pilger wählte lange. Eines glänzte golden und drückte doch zu Boden. Ein anderes war leicht, schnitt aber mit scharfen Kanten blutende Wunden. Nach langem Suchen entdeckte er ein schlichtes, schweres Kreuz, und als er es prüfte, schien ihm, als ob er es würde tragen können. Dann sah er, dass es sein eigenes war.

---

[33] Aus Psalm 130: *Aus der Tiefe, Herr, rufe ich zu dir*; der Psalm gehört zu den traditionellen Totengebeten der katholischen Kirche.

Die Zukunft ängstet mich unsäglich. Eine Rückkehr zum sogenannten ‚normalen Leben', wie es heute die Psychoanalytiker wollen, kommt für mich gar nicht in Frage – ich müsste denn in die Zeit vor meiner Geburt zurückkehren. Du gabst mir einmal A. Gide's *La porte étroite*[34], ja, es mag Fälle geben, wo andere Frauen aus anderen Gründen ganz ähnlich handeln. Auch seinen *Immoralisten* müsste ich wohl bejahen. Es kam mir beim Lesen alles so bekannt vor, woher, weiß ich nicht. Zuerst war ich empört, aber dann gefiel mir wider Willen der Stolz, mit dem er sich zu sich als Immoralist bekennt. Ich sah ein, dass er nicht anders konnte, dass es das Leben – nicht das seine und nicht das eines andern – ist, das uns so macht, entweder zu Krüppeln, wenn wir uns fügen, oder zu ‚Verbrechern', wenn wir uns frei machen. Aber im Grunde ängstet mich dieses freie Buch. Letzten Endes gibt es nur zwei Reiche: die Welt und Gott. Die Erkenntnis, dass sie unversöhnlich zueinander stehen, ist schwer zu tragen, denn die Welt sorgt zwar dafür, dass unsere Wünsche immer unerfüllt bleiben, tut aber nichts, um sie zu töten. Und doch muss es eine Lösung geben und einen Frieden, es ist sogar sicher, dass er gelehrt und gelernt werden kann."

„Ich kann nicht christlich sein. Ich glaube an den Kampf, ohne den nichts ist, und ich glaube auch an den Kampf, den der Mensch mit und gegen ‚Gott' um sein Leben zu kämpfen hat. Nein, das Christentum ist die letzte Rettung der hoffnungslos Geknechteten – ich verstehe es nicht und will es nicht verstehen. Vorläufig bin ich mit meinem Verstehen noch dort, wo vielleicht Jakob war, als er mit dem Engel des Herrn rang. Ich glaube, dass dieser Kampf ebenso sehr Hass sein kann wie Liebe. Es fällt

---

[34] Auf Deutsch: *Die enge Pforte*, 1909. Gemeint ist wohl das Mädchen Alissa, das sich zeitlebens ihrem Geliebten Jérôme verweigerte.

mir schwer, ‚Gott' zu sagen, dieses Eine zu denken. Mir scheinen mehr Kräfte im Spiel zu sein, eine Vielheit von gegenstrebenden Kräften, die sich der antike Mensch wunderbar anschaulich umschrieb. Ich bin über diese primitive Stufe nicht hinausgekommen und sehe Gott, das Leben und das Schicksal als eine Vielheit an, gegen die man sich täglich behaupten muss. Ihre Zusammenfassung zu einer Einheit widerspricht meinem Gefühl. Was ich weiß, ist nur, dass mir manche Dämonen gut und andere feindlich und einige gleichgültig gesinnt sind. Viele verbergen sich und viele wechseln die Gestalt, und das ist der tägliche Kampf, den ich meine, nämlich: sie zu zwingen, ihre wahre Gestalt zu zeigen und sie sich geneigt zu machen. Sicher gibt es auch einige, die unversöhnlich und unerbittlich sind. Vielleicht kann man auch sie besiegen mit Hilfe eines anderen, den wir errungen haben. Und wo kann es einem Dämon wohler sein, als in seinem Überwinder?"

Als Fiala mehrere Jahre nach Erhalt dieses Briefes seine Korrespondenz ordnete – eine Beschäftigung, die seinem Verlangen nach einer inneren Kontinuität des Durchlebten, aber auch einer gewissen Pedanterie entsprang – empfand er das Bedürfnis, Agnes' Briefe auf zwei Päckchen zu verteilen; denn es wurde ihm nachträglich klar, dass der vorhin wiedergegebene Brief der charakteristische Ausdruck einer kritischen Entwicklungsphase war, die zur Entscheidung drängte. Agnes stand damals *on the crossway,* und der Weg, den sie von da ab einschlug, entschied gegen die *vielen Götter* ihres Lebens für den, der gesagt hatte *Ich bin der Weg, die Wahrheit und das Leben"*. Diese Wende ihres Lebensweges war aber, wie die voranstehenden Briefe gezeigt haben, bereits in seiner ersten Hälfte angelegt und vorgezeichnet; Fiala verfolgte sie mit der verstehenden Teilnahme eines sich entfernenden Freundes, der trotz der Unsicherheit seiner eigenen Fundamente nicht gesonnen war, sein Leben dogmatisch zu binden. Vorbehaltlos war

Fialas Anteilnahme an der Geschichte ihres spätromantischen Damaskus[35] nur in einer Hinsicht, die ihm aber die zentrale schien: Er verstand Agnes' Lebenswende in ihrem lebendigen Motiv, misstraute aber der Richtung, in die sie es führte.

Als Dreizehnjähriger hatte er das erste Mal an Selbstmord gedacht und infolgedessen zu philosophieren begonnen. Die Lebenserfahrung, welche er seither gewonnen hatte, gab ihm die Gewissheit, dass in der akuten Verzweiflung des Einzelnen eine chronische und fundamentale Krankheit des Menschengeschlechts zum Ausbruch komme. In Fialas philosophischem Tagebuch[36] findet sich folgende Aufzeichnung:

> Einmal oder wiederholt, vorübergehend oder ständig, heftig oder leise wird jedes menschliche Dasein von der denkwürdigsten aller Paradoxien betroffen: da zu sein, ohne damit schon ohne weiteres sein zu wollen, ja sich auf Grund seines Seins in Gedanken zu negieren und den Gedanken durch tatsächliche Negation vollenden zu können. Das menschliche Leben ist daher in zwei entscheidenden Augenblicken auf der Höhe seiner Existenz: im negativen Entschluss zum Selbstmord und in der positiven Entschlossenheit zum Dasein; beide sind im Leben aufeinander angewiesen, denn *mit* dem Gedanken an den Selbstmord kann niemand auf die Dauer leben, und *ohne* ihn einmal in irgend einer Form gefasst zu haben, ‚entschließt' sich der Mensch nicht ausdrücklich zum Leben. Auf die ‚natürliche' Lebenskraft kann sich der Mensch nicht ohne weiteres verlassen, dazu ist er ein viel zu unnatürliches, geistiges Geschöpf. Das Problematische seiner Existenz liegt also darin, dass er eigentlich überhaupt erst dadurch existenzfähig wird, dass er sein Dasein, welches doch schon *ist*, auch noch *bejaht* und sich auf diese

[35] Bekehrungserlebnis von Paulus auf dem Weg nach Damaskus.

[36] Das philosophische Tagebuch von Löwith konnte bisher nicht gefunden werden.

Weise selbst ein zweites Mal zur Welt bringt; die bloße Tatsache seiner Existenz verbürgt nicht diese Bejahung. Durch den natürlichen ‚Willen zum Leben‘ ist keine wirkliche Lebenswilligkeit gewährleistet. Nur das natürliche Leben der Natur spricht für sich selbst, aber im Menschen spricht das Leben nicht mehr für sich selbst, sondern bedarf der Fürsprache des Menschen. Es genügt also nicht: da zu sein, sondern es bedarf einer Entschlossenheit: zu leben.

Was aber der unvoreingenommene Blick ins Leben der Menschen gewahr wird, ist das Gegenteil einer Entschlossenheit: zu sein. Zwar tun sie vieles und bejahen auch manches, aber ihr Dasein als solches bejahen sie nicht. Ihr Leben laboriert zeitlebens und zutiefst an einem entscheidenden ‚schwachen‘ Punkt, an dem es tödlich von rückwärts verwundbar ist, wie Achilles an seiner Ferse. Deshalb bleibt auch ihr ganzes Tun unglaubwürdig, denn es vollzieht sich auf dem schwankenden Boden eines verborgenen Unglaubens und Unwillens zum Leben, im Vergleich zu dem ein radikaler Ausbruch dieser Unwilligkeit noch ein erhebender Anblick ist.

Auf diesen unüberwundenen wunden Punkt der Negation, auf jenen ‚kleinsten Finger‘, aus dem sich Agnes das Blut ihres Lebens entströmen lassen wollte, war Fialas Blick gerichtet, als er die nachstehenden Briefe las. Er las sie mit der wissenden Teilnahme eines Diagnostikers, der die Behandlung seines Patienten einer Autorität überlässt, über deren Autorität er selbst nicht verfügt.

„Mir öffnet sich alles in einem einzigen gewaltigen Licht, das vorläufig noch zu blendend ist, um Einzelheiten erkennen zu lassen. Ich führe das Testament ja schon seit langem mit mir herum, habe aber nie einen Blick hinein getan. Die Zeit war noch nicht da, um das Wort vernehmen zu können. Freue Dich mit mir, dass mir der Friede gegeben wurde und dass mein Suchen, welches dumpf war wie das der Kreatur, sein Ziel in Gott gefunden hat. Ich erwarte nichts, ich fürchte nichts mehr, nur den Widersacher, der immer noch der Herrscher der Welt ist. Wie habe ich glauben können, allein im Kampf mit den vielen, bösen Mächten leben zu können? Oft überwältigt mich der Gedanke an die Furchtbarkeit des Lebens, mitten unter Menschen, unter ahnungslosen Gesprächen, die mich verwunden; ich könnte rufen: nur den Saum deines Gewandes! Und eine Sehnsucht nach der Reinheit und dem außerirdischen Glanz dieses Lebens erfüllt mich, die größer ist als alles, was ich jemals gefühlt. Wie gut weiß ich, wie man sein muss, um vor Gott bestehen zu können, aber wer kann so sein? – ‚Und wer sich nicht selbst verleugnet und sein Kreuz auf sich nimmt – täglich – und mir folgt, der ist meiner nicht würdig.' – Aber ich möchte aufhören, denn ich weiß nicht, wieweit Du folgst? Ich selbst, noch vor wenigen Wochen, hätte diese Worte leer und undurchdringlich gefunden. Ich kann auch nicht verlangen, dass Blinde durch meine Worte plötzlich sehend werden. Habe ich es denn selbst gewusst, dass ich durch Schuld und Sünde zu Jesus geschickt werden würde? Und habe ich geahnt, dass nur Er allein die Wahrheit und das Leben ist und zu Gott führt? Du erinnerst Dich vielleicht noch der unsinnigen Dinge, die ich über das Christentum gesagt habe.

Wir müssen alle das Sterben lernen, und ich glaube, dass ich es jetzt kann, das tägliche und das endliche. Sobald Du das nicht hast, dieses Stirb und Werde … – Du siehst, wie unbekümmert ich die Wahrheit des alten Heiden ins Christliche übersetze, denn es ist dieselbe. Es kann gar nicht dunkel werden, wenn das Kreuz leuchtet; ich weiß ja so wenig, von Gott gar nichts, nur dass Jesus Gott gewesen ist. Aber wie? Danach suche ich und studiere deshalb das Dogma. Lieber Freund, wenn Dich Jesus statt

Nietzsche gefangen genommen hätte! Siehst Du nicht, dass er nur von einem Dämonion besessen war und sich an seinem Pessimismus bis zur Bejahung berauscht hat? Nietzsche wird ein paar Jahrzehnte lang gehört werden, Jesus sprach immer und wird immer sprechen. Vielleicht ist er der große Buddha. Sicher ist er der Erlöser."

„Zwar erschrecken mich viele Geistliche durch die Stumpfheit und Grobheit ihrer Gesichter, aber wahrhafte Diener Gottes, das sind die Menschen, welche ich jetzt suche. Was geht mich Kunst an, was Schönheit und Sonne. Es gibt nur eine Schönheit, und das sind die Worte Jesu. Eine Schönheit ohne ‚spirit' fühle ich nicht und sehe ich nicht. Wie entsetzlich langweilig sind doch die Gesichter der sogenannten ‚schönen Männer'. So viele Gesichter schon an mir vorübergezogen sind, hat mich doch nur eines unbedingt ergriffen, und das ist das Gesicht des heiligen Laurentius auf dem Bilde von Grünewald. Diese ‚Liebe' datiert schon seit vielen Jahren und ist mir ein Zeichen, dass die Wendung, welche mein Leben nun genommen hat, nicht als etwas Fremdes von außen herangebracht wurde, sondern dass sich endlich befreit hat, was schon seit immer mein verborgenes Eigentum war."

„Ich weiß, dass ich die Macht berührt habe, die heute ist und immer sein wird und einmal in Menschengestalt unter uns war und die Worte sprach: *O Weib, Dein Glaube ist groß, es werde Dir, worum Du gebeten.* Wenn ich aus dem Fenster auf die schroffen Berge sehe, so fühle ich, wie sie zerbröckeln und zerfallen werden, denn die Welt in ihrer Herrlichkeit wird veralten wie ein Kleid und weggelegt werden. Ich fühle, wie sie auseinanderklaffen und zusammenfallen werden, diese Berge, wenn die Macht hereinbrechen wird, die da sein wird *wie der Blitz, der aufflammt vom Aufgang bis zum Niedergang,* und mir ist, als ob es morgen sein könnte, da er doch gestern noch mit uns als Mensch war.

Ich bin so glücklich, dass mein letzter Tag in Rom das Fest der Kreuzerhöhung[37] war, und von Rom überhaupt, was wird mir am sichersten bleiben? die todestraurige Melodie des Psalms: *Christus se pro nobis obediens factus est, obediens ad mortem, ad mortem crucis.*[38]

Es kommt viel Liebes und Vergessenes wieder. Als Kind lernte ich mir ein Gedicht von Verlaine, das ich, ohne zu wissen warum, sehr schön fand:

Im Gefängnis

Der Himmel, drüben über dem Dach
In tiefblauem Schweigen,
ein Baum, drüben über dem Dach
mit wiegenden Zweigen.

In den Himmel, den man sieht,
klingt's wie von Glocken,
ein Vogel auf dem Baum, den man sieht,
singt sein Frohlocken.

Mein Gott, mein Gott so friedlich und schön!
D a s dort ist Leben!
In der Stadt drüben dieses frohe Getön
und Summen und Weben.

Und du, der du hier weinst,
durchs Gitter lugend,
was hast du gemacht, sag, der du hier weinst,
mit deiner Jugend?

---

[37] Im Kalender der katholischen und anderer Kirchen der 14. September

[38] Anfang des Briefes des Paulus an die Philipper: Christus ist für uns gehorsam geworden, gehorsam bis zum Tod, bis zum Tod am Kreuz.

„Das Rechte kommt nie zu spät. O, dabei fällt mir etwas ein, eine Buddha-Legende, die ich vor einigen Wochen las: *The hopeless are happy,* nämlich wie das Mädchen Pingaly. Mit diesem Mädchen war es so: Es lebte allein in seiner Hütte, und zwar lebte es so, wie eben jede Frau leben muss, die jung, schön, allein, arm und nicht behütet ist. Denn damals gab es noch keine anderen Frauen-‚Berufe'. Aber es war todunglücklich dabei, denn es suchte einen Mann, der es liebte, und den fand es nicht unter seinen vielen Männern, die kamen und gingen. So saß es denn immer traurig vor seiner Hütte und grübelte und weinte, und sein Leben schien ihm ohne Sinn und ohne Freude. Buddha ging vorbei, aber es sah ihn nicht, so traurig war es. Jahrelang ging er vorbei – und das Mädchen sah ihn nie. Eines Tages sagte sich das Mädchen plötzlich: ‚Ich werde n i e m a l s einen Mann finden, der mich liebt' und verzichtete für immer auf sein Verlangen. Im selben Augenblick fühlte es, dass es erwachte und ihm ein Traum sein Leben gestohlen hatte, denn es fiel wie Ketten von seinen Armen. Es hob sein Gesicht auf wie zum ersten Mal; da ging Buddha vorbei und – es sah Buddha zum ersten Mal in seiner Herrlichkeit. Buddha sprach: ‚Warum bist du so froh'? Und das Mädchen antwortete: ‚Herr, weil ich frei bin, weil ich aus einem Traum erwacht bin zur Wahrheit.' Und es weinte vor Glück und fiel ihm zu Füßen. Buddha lehrte es seine Weisheit und zog weiter. – Das ist die Geschichte vom Mädchen Pingaly, die ihr Hoffen aufgab und dadurch glücklich wurde. – Ich nehme an, dass sie bald darauf gestorben ist, denn wer ist als Mensch seines Glückes sicher? Dieses arme Mädchen saß vor 3000 Jahren in seiner Hütte und wartete auf Männer, vor 100 Jahren saß es am Strickrahmen, und heute – vor der Schreibmaschine. Denn der Mensch ist überall derselbe, und es tut wohl, dies zu erkennen.

Oft denke ich an meine Reise hierher in die Schweiz[39]. Zu Mailand hatte ich meine letzte Nacht in Italien. Man gab mir im Hotel ein hübsches Zimmer, und als ich in der Nacht zum Fenster hinaussah, stand eine riesenhafte schwarze Masse mit unzähligen Filigranzacken gegen den stahlblauen Himmel – es war der Dom. Als ich am Morgen erwachte, schien er mir wie das Spukgebilde aus einer Tropfsteinhöhle. Aber auf der höchsten Spitze des höchsten Turmes stand eine mächtige goldene Gestalt, das weite reiche Gewand flammend in der Sonne, das Haupt strahlend und die Hände ein wenig zur Seite erhoben, in einer Bewegung voll Frieden und Erbarmen: *Seht, ich bin bei Euch alle Tage bis an das Ende der Zeiten.* Da fürchtete ich nichts mehr, und mir war, als ob ich meinem Glück entgegenführe."

„Die Menschen sagen jetzt zu mir: *Das arme Mädchen!* Warum? Weil ich krank bin? Diese Krankheit ist bei weitem das Beste, was mir in den letzten Jahren zu Teil wurde. Wie oft vorher, wenn es mir gar zu sinnlos und mühsam wurde, habe ich gebeten: *Nimm es von mir, es ist zu schwer für mich.* Und nun, da sich eine Hand auf mein armseliges, zweckloses und freudloses Mühen legt und mir gesagt wird: *Es ist zu schwer für Dich, Du darfst aufhören*, da bedauert man mich. Ich kann nur sagen, dass ich von Herzen froh bin, im Tausch eine Krankheit und kein schöneres L e b e n bekommen zu haben. Noch nie hat mich hier jemand traurig gesehen, auch heute nicht, wo ich mich in den Schreckgedanken einer jahrelangen Krankheit gefunden habe. Es erscheint mir nun alles wie neu geschenkt. Neulich lagen auf dem Tisch ein paar Geranienblüten. Nichts in dem ganzen Zimmer war so wunderschön wie das süße, leuchtende Rot dieser klei-

[39] Charlotte Grosser hatte eine Stelle in einem Buchladen in Rom, die sie an Karl Löwith abtrat.

nen Blättchen und der zauberhafte Schmelz ihrer Haut. Da stand er wieder da, der Verachtete und Letzte der Menschen: *Ich sage Euch, dass König Salomo in all seiner Pracht nicht so gekleidet war wie diese. Wenn nun die Blumen, die heute sind und morgen auf den Kehricht geworfen werden, Gott so bekleidet hat, um wie viel mehr Euch Kleingläubige?"*

„Lasse mich doch in meiner positiven Resignation. Das Tun und Lassen anderer zu beurteilen, dazu habe ich allerdings kein Recht. Für mich kann ich aber nur die Konsequenz ziehen: zu sehen, dass jede menschliche Beziehung, die nicht sachlich oder religiös begründet ist, zu Schwierigkeiten führen muss und dass ein Leben, welches nicht allmählich Gesetze erkennt und nach Geboten zu leben versucht, nicht zu Rande kommt. Ich glaube nicht, dass ich – wie Du fürchtest – damit etwas auf mich nehme, was über meine Kraft geht. Und wenn, so ist es besser, der Mensch geht zu Grunde, als dass er von der einmal erkannten Wahrheit der Gesetze abweicht."

„Ich korrespondiere seit neuester Zeit mit einem gelehrten Mann über theologische Streitfragen. Er antwortet mir zum Schluss mit den besten Wünschen für meine ‚weitere wissenschaftliche und literarische Entwicklung'! Wenn der wüsste, wie völlig ausgewickelt ich bereits bin, völlig abgewickelt von der Garnspule und nur ein schmerzlich verwirrtes Garnhäufchen. Also solche Korrespondenzen flechten pikante Rosen ins traurige Leben. Mit Reichtümern und Schulden bin ich kombliert.[40] Mein Darlehen brauche ich erst in 10 Jahren zurückzugeben. Ich fragte, wie es sei, wenn ich vorher sterbe. Man lächelte und sagte: ‚Dann wird es niedergeschlagen, den-

---

[40] *Comblé* (franz.) angefüllt, eingedeckt.

ken Sie denn an den Tod?‘ Ich war zu vernünftig und zu feige, um Ja zu sagen.

Könntest Du mir vielleicht die Predigten von Kierkegaard leihen? Ich möchte den Leuten im Seminar zeigen, wie wenig christlich sie sind.

Ich merke zu meinem Entsetzen, dass ich wieder anfange, Briefe zu schreiben, ein Stadium, das ich doch längst überwunden glaubte. Aber, wer kennt sich ganz in seiner Schwäche? Es tröstet mich nur, dass ich nicht mehr wie früher darauf reflektiere, von Menschen ‚verstanden‘ zu werden.“

„Meine Exerzitien sind nun zu Ende. Dreitägiges strenges Silentium im Stift; innerlich steht mein Mundwerk freilich niemals still. Ich bin das Entzücken aller Klosterleute wegen meiner Blässe und meines unmotivierten Heulens. An mir lassen sich scharenweise gute Werke tun.“

„Ich höre bei X[41] eine Exegese der Bergpredigt. Zunächst hat seine Erscheinung nichts an sich, nichts Bedeutendes oder gar Faszinierendes, diese unscheinbare gebeugte Gestalt, das einfache Gesicht dieses ehemaligen Pfarrers, die Art, wie er gleichsam verlegen und immer linkisch sich über sein Pult neigt und mit seiner ruhigen Stimme in seinem Dialekt spricht. Da trifft keine der ästhetischen Kategorien zu, mit denen man Menschen gemeinhin charakterisiert. Aber auf seinem Gesicht liegt ein Friede, und von seiner Gestalt geht eine Lauterkeit und Wahrhaftigkeit aus, die unmittelbar überwältigen. In seiner einfachen und anspruchslosen Stimme klingt Demut, Trauer, Liebefähigkeit, Wärme, Leidenschaft und Ver-

---

[41] Wohl Karl Barth, 1886-1968, evangelischer Theologe aus der Schweiz. Die Beschreibung des Textes entspricht Karl Barth in vielen Punkten.

zagtheit in einer Weise auf, dass man sich seiner Maske schämt, soweit man sie überhaupt in seiner Gegenwart tragen kann. Auch bei seiner Frau muss man alle Maßstäbe von weiblicher Intelligenz und Eitelkeit vergessen. Sie ist ein rührendes Wesen, direkt aus Gottfried Keller entstiegen, l8. Jahrhundert. Sie ist ganz klein, schrecklich zart und hat ein weißes, mageres Nonnengesichtchen mit großen blauen Augen, die todernst in die Welt blicken, ganz selten geht ein schwaches Lächeln um ihren Mund. Ein Stimmchen, kaum hörbar, gehaucht, vielleicht lispeln die Grasmücken so. Ihr Schritt ist leicht und leise und so klein wie das ganze Wesen. Ein emsiges Hausgeistlein, Mütterchen und Ehefrauchen, ganz hingegeben ihren Pflichten und voll naiven und innigen Stolzes auf ihren Mann. Sie möchte es auch mir gemütlich machen, aber Du weißt ja, wie wenig ‚gemütlich' ich bin."

„Im Kolleg sitze ich meistens nur da und staune, was X alles einfällt. Es ist sehr leicht und doch wieder sehr schwer, ihn zu verstehen. Gibt es eigentlich sonst noch Leute, die einen, je näher man sie kennen lernt, desto weniger enttäuschen, die immer das gleiche Schöne und Erfreuliche zeigen und wo sich etwas Neues an ihnen auftut, dies auch nur immer etwas überraschend Gutes ist? Eine Hauptbeschäftigung meiner freien Zeit ist, mir zu überlegen, ob X irgendetwas anders hätte sagen, tun und denken oder fühlen können, als er es nun in irgendeiner x-beliebigen Situation gesagt, gedacht und getan hat. Man kann es drehen und wenden wie man will, gerade so, wie er es getan hat, war es unnachahmlich und unübertrefflich richtig, *schicklich*, oder *artig,* wie Goethe sagen würde."

„Was sind das für alberne Gerüchte, die da über mich umlaufen? Ebenso, wie von einem Eintritt ins Kloster könnte man Dir erzählen, ich hätte mich verlobt. Die nüchterne Wahrheit ist, dass ich mich auf mein Staatsexamen vorbereite, nachdem mein Leben ja leider weitergeht. Eigentlich fühle ich mich nur durch meine Angehörigen zum Weiterleben verpflichtet, denn ich muss ja Geld verdienen. Und Du wirst doch nicht glauben, man habe die ‚Welt' verlassen, wenn man sich in ein Nonnenkloster setzt und mit anderen Nonnen zusammenwohnt und täglich sein Essen unter die Nase gesetzt bekommt und ab und zu zum Beten in die Kapelle geklingelt wird. Die Welt verlässt man erst, wenn man sich selbst verlässt. Ach, lieber Freund, ich wünschte, ich hätte die Welt verlassen. Was nützt das schwarze Kleid, wenn es einen Körper deckt, der ganz anders leben will; was nützt die Nonnenhaube, wenn der Kopf darunter ganz andere als heilige Gedanken denkt; und was nützt es, das Kreuz zu küssen, wenn man im nächsten Augenblick mit derselben Leidenschaft den Mann in die Arme nehmen könnte, den man verzweifelt liebt. Was nützt der Friede des Klosters, wenn man ein Herz mitbringt, das ihn nicht aufnehmen will. – Ja, ich muss die Welt verlassen, ich sehe es ein und billige es, und doch wehrt sich alles in mir dagegen. Ich ahne mit Entsetzen, dass es vielleicht nie sein wird, ein ganzes langes Leben lang, das – auch wenn es kurz ist – noch immer zu lang ist. Ich beklage mich nicht, denn ich weiß, dass ich es so verdient habe, aber wenn es erlaubt wäre zu wählen zwischen etwas zu viel Veronal und diesem Leben, so würde ich dieses Leben nicht wählen. Ich begreife mich selbst nicht mehr, und es ist ein Glück, dass ich allein bin und niemand etwas merkt. An manchen Tagen ertrage ich einfach nichts mehr, verdrehe alles und fasse alles böse auf, und verlange nach nichts als nach Aufhören um jeden Preis. Hysterische Krisen? Ist denn das Leben hysterisch? *Neurosen der Gesundheit,* ist das nicht eine unglaubwürdige Zusammenstellung? Ich ahne jetzt, was Höllenstrafen sein können; und diese Ahnung ist zugleich die stärkste Furcht, die vor dem

Ausweg in das ersehnte Lethe zurückhalten kann. Wenn es wirklich kein Lethe gibt und kein Vergessen, das wäre unerträglich. Man kann dieses Leben wirklich nur *sub specie aeternitatis*[42] an sich vorüberziehen lassen, in der Hoffnung, nach dem Tode das Vergessen zu finden, als Dank für die Geduld, mit der man sich ertragen hat. Ich sollte diesen Brief nicht abschicken, denn eigentlich darf solche Dinge nur der Priester im Beichtstuhl zu hören bekommen."

„Kennst Du das fünfte Gebot? Es ist gut zu wissen, dass es sich auch auf den eigenen Leib bezieht. Ich traue mir selbst in nichts mehr. Ich weiß nur, dass Jesus auf der Erde gewesen ist und dass alles wahr ist, was er gesagt hat. Ganz selten frage ich mich, warum ich denn trotz all meiner Skepsis und Verachtung gegen mich selbst gerade an dieser doch auch höchst persönlichen Erkenntnis nie gezweifelt habe. Ich könnte gar nicht daran zweifeln, selbst wenn ich es wollte. Denn sicher ist es umgekehrt, und nicht i c h habe irgendetwas eingesehen und Gott erkannt, sondern Gott hat ein Einsehen mit mir habt und mich erkannt.

Masochismus nennt man es heute, wenn Menschen gerne leiden. Ich lese aber bei allen frommen Leuten, dass sie gern gelitten haben. Aber es gibt auch Leiden, die vom Teufel sind. *Du* wirst freilich sagen, dass das Leiden weder vom Teufel ist noch Gott zu Ehre gereicht."

So lockerte sich das freundliche, aber leidenschaftslose Verhältnis von Agnes und Fiala, wie sich im Herbst entfärbte Blätter unmerklich von ihren Ästen lösen. Und es endete schließlich lautlos in der resignierten Erfüllung eines kleinen Wunsches. Agnes erbat sich von Fiala gelegentlich seiner Ferienrei-

---

[42] Unter dem Gesichtspunkt der Ewigkeit. In der Religion: statt auf das Diesseits den Blick auf die ewigen Werte richten.

se nach Italien eine Reihe von Heiligenbildchen, wie sie im katholischen Religionsunterricht, auf den sie sich vorbereitete, an die Kinder zur Verteilung kommen. Dieser Wunsch war ihm ebenso fremd, wie es Agnes nun jene irisierenden, antiken Glasstückchen (*vetri di scavo*)[43] geworden sein mögen, die er ihr einst aus einem römischen Antiquitätenladen mitgebracht hatte. Auch die gewünschten Heiligenbildchen besorgte er wiederum in jener Stadt, welche die ganze Welt in sich begreift, soweit sie weder christlich noch heidnisch, sondern beides in eins ist. In einem der vielen kleinen Läden um St. Peter, welche *oggetti religiosi*[44] feilbieten, fand Fiala inmitten eines barbarischen Wustes von gipsenen, bronzenen und alabasternen Geschmacklosigkeiten auch eine Serie *santi*[45], die er dann schweren Herzens der Post übergab.

Wenige Schritte daneben sah er im Vorübergehen eine wundervolle Photographie des Ludovisischen *trono di Venere*[46] aus dem Museo nazionale, und es schmerzte ihn, dass Agnes' Wunsch nicht mehr wie einst nach den *Gleichnissen* eines freimütigen Lebens stand. Agnes schien ihrer natürlichen Bestimmung verlustig zu gehen, denn ihr Leidensweg blieb fruchtlos für die Welt, in der sie keine Wurzeln fasste.

---

[43] Ausgegrabene Glasstückchen

[44] Devotionalien

[45] Heiligenbildchen

[46] Griechische Skulptur, um 460 v.Chr., Geburt der Aphrodite, gefunden 1887 in der römischen Villa Ludovisi und ausgestellt im römischen Nationalmuseum.

Letzte Versuchung

> Ich war nahe, dasselbe zu tun…;
> allein mit meiner „Entdeckung."
> Sie ist keine Ansicht, sie ist
> eine Entdeckung…" (Strindberg)[47]

Unterdessen kam Fialas *Idee* in ihm selbst zum Durchbruch. Das unvergessliche Datum, an dem in Fialas Leben der Grund- und Eckstein seines ganzen weiteren Lebens gelegt wurde, fiel in das zehnte Semester seines Studiums, kurz vor Beendigung seiner Doktorarbeit[48], welche unter einem bis zur Unverständlichkeit gelehrten Titel seine Auseinandersetzung mit dem letzten wirklichen Denker Europas enthielt. Im Alter von 13 Jahren war Fiala zum ersten Mal auf die unscheinbaren, graublauen Bände der Taschenausgabe von Nietzsches gesammelten Werken gestoßen – so zufällig und schicksalhaft, wie es der Zufall ist, durch den sich Menschen kennenlernen und kraft dessen sie dann ein Schicksal haben.

Abgeschieden vom Lärm der Welt, der in einer kleinen Universitätsstadt mit einer einzigen Trambahnlinie, aber mehr als 100 Professorenfrauen nicht geringer ist als in einer Großstadt – denn nichts macht mehr Lärm als die tuschelnde Klatschsucht einer Kleinstadt – hauste Fiala direkt unter dem Dach in einem Speicherraum, der als Zimmer ausgebaut war und dessen Zugang eine Art Hühnertreppe bildete. Die weiß getünchten Längswände wurden durch die beiden Dachschrägen gebildet. Fünf winzige Fensterluken erlaubten dem Licht einen reichlichen Zutritt. Die Einrichtung der Kammer war

---

[47] August Strindberg (1849-1912), schwedischer Dichter. Das obige Zitat findet sich in Karl Jaspers' Strindberg-Pathographie (S. 106), in der Jaspers auch auf Strindbergs Selbstmordgedanken verweist (S. 90).

[48] Im Jahr 1923. Titel: Auslegung von Nietzsches Selbst-Interpretation und von Nietzsches Interpretationen.

äußerst primitiv; sie bestand aus einem Sofa, welches zugleich als Bett diente, aus einem großen eisernen Gartentisch, auf dessen blauer Decke Fialas bunte Schreibgeräte und einige Bücher lagen, aus einem Korbsessel und zwei niederen Büchergestellen. Der Waschtisch stand in der hinteren Ecke, und der Kleiderschrank befand sich wegen Platzmangel auf dem Speicherraum. Das einzige Bemerkenswerte war außer der Stille und fast pedantischen Säuberlichkeit dieses Raumes sein Bilderschmuck. Große, braun getönte Photographien von Werken italienischer Trecentisten, die Totenmaske Friedrichs des Großen, ein Kalender mit Bildern aus Ostia, der Piranesi-Stich des Tempels von Paestum und ein riesiger geöffneter Pinienzapfen, das waren Fialas Lieblingsstücke, die er stets mit sich führte und nach Entfernung etwa schon vorhandener, zweifelhafter „Kunstwerke“ seiner Wirtsleute geschmackvoll platzierte.

Der erste Besuch, den Fiala erhielt – es war ein Student –, machte angesichts dieser merkwürdigen Dachkammer die zutreffende Bemerkung: „Das sieht ja hier wie in einem Sarg aus!“ Und in der Tat glich der Raum durch die Dachschräge einem luftig erhöhten Sarg. Dem launischen Tonfall von Fialas Antwort: „Ja, Sie haben recht, aber immerhin doch ein recht anständig eingerichteter Sarg, sozusagen ein Wohnsarg“, war nicht anzumerken, wie sehr ihn diese Analogie betroffen machte. Er unterdrückte noch rechtzeitig die Fortsetzung seines Gedankens, die ausgesprochen etwa gelautet hätte: „in dem man sich, ohne dass es irgendwer beachtet, bei lebendigem Leib begraben kann“!

Plötzlich fiel ihm ein, dass Dostojewskis Raskolnikoff ja „auch“ in einem „Sarg“ gehaust habe, dessen Beschreibung die seines eigenen Zimmers hätte sein können. Wieso ihm gerade jetzt Raskolnikoff eingefallen war – dass wusste Fiala selbst nur all zu gut. Dreimal hatte er diesen Roman Satz für Satz gelesen, immer neu gefesselt von der grenzenlosen Kenntnis der verborgensten Gedanken eines menschlichen Herzens.

Dostojewski war für Fiala die Autorität auf dem Gebiet selbstmörderischer Gedanken. Außer Dostojewski traute er nur noch Kierkegaard eine ähnliche, aber minder ehrliche Kennerschaft in den verborgenen Tiefen des Herzens zu.

Der einzige Mensch, mit dem Fiala auch noch in dieser schwersten Zeit seines zur Sackgasse gewordenen Lebens häufig und immer gern zusammenkam, war ein jüngerer Freund, der mit wunderbarer Geduld und Treue die kraftraubenden Anstrengungen ertrug, welche schon das bloße Zusammensein mit Fiala kostete. Ohne die ganze Tragweite von Fialas lichtlosem Dahinbrüten und dumpfen Verlangen zu erkennen, war es seinem Freund doch nicht entgangen, dass sein Leben in einem kritischen Stadium war. Diesen Freund liebte Fiala zärtlich, und er bewies ihm seine Liebe, indem er ihn grausam quälte. Immer neu schaffte er sich selbst Situationen, aus denen er dann gebrochen hervorgehen konnte; er quälte sich und ihn mit einem Raffinement, wie es ein Mensch in einem freien Gemütszustand überhaupt nicht erfinden könnte, und er genoss dabei seine Qual. Nach zwei Monaten grenzenloser Qual hatte Fialas Haltlosigkeit den Punkt erreicht, an dem sie offenbar werden sollte. Der Dämon der Negation begleitete ihn in seine schlaflosen Nächte und machte ihn am Tage blind für die weiße Blütenpracht des Frühjahrs. Gänzlich mit sich zerfallen, entmutigte er sich noch mehr durch die Erinnerung seiner früheren misslungenen Fluchtversuche. Er konzentrierte seine Schwäche so lange auf einen fixen Punkt, bis er sie so stark fühlte, dass er ihr die Kraft zutraute, den Hahn eines alten Revolvers abzudrücken. Dieser Revolver war schon seit Jahren Fialas ständiger und eindeutiger, aber geheim gehaltener Begleiter.

Drei Tage lang ordnete er mit peinlicher Genauigkeit seinen Nachlass, d. h. seine Bücher und Briefschaften, denn Geld besaß er nie. Wer irgendeinmal einen Bericht über die letzten Tage irgendeines Selbstmörders gelesen hat, der weiß auch bereits alle Einzelheiten von Fialas Vorbereitungen. Denn wie der Tod keinen Unterschied zwischen den Menschen macht, so weisen auch die Menschen angesichts des Todes, der törichterweise ein *freiwilliger* genannt wird, keine Unterschiede auf. Alle tun und unterlassen sie dasselbe; sie vernichten intimste Dokumente ihres Lebens und hinterlassen weniger intime, und nur sehr wenige können es sich versagen, noch ein letztes Mal sich selbst zu behaupten, indem sie nämlich noch einmal das Wort, d. h. zur Feder greifen, um auszusprechen, was unaussprechbar ist und zu rechtfertigen, was einer Rechtfertigung weder bedürftig noch fähig ist.

Die notwendige Bedingung eines jeden wirklichen Selbstmords ist die radikale Vereinzelung der menschlichen Existenz, eine reell gewordene Theorie des philosophischen Solipsismus. Er wäre bei Fiala vollkommen gewesen, wenn sein Herz nicht auch noch auf diesem problematischen Höhepunkt seiner Existenz an seinem Freund gehangen hätte.

Da sie in verschiedenen Stockwerken desselben Hauses wohnten und beider Fenster auf die Straße gingen, so hatte sich die Gewohnheit herausgebildet, dass jeder abends beim Nachhause-Kommen, wenn er im Zimmer des anderen noch Licht sah, ihn besuchte und Gute Nacht wünschte.

Fiala war allein zu Hause in seinem ‚Sarg', der ihn nun endlich begraben sollte. Alles war in seinem Zimmer wie sonst, das einzige, was hätte auffallen können, war eine ganz besonders peinliche Ordnung auf dem Tisch; alles unnötig Herumliegende war an seinen richtigen Platz gestellt. Fiala saß vollkommen ruhig in der Ecke seines Bettsofas und rauchte eine Zigarette. Seine Gedanken waren wie zum Stillstand gekommen. Sein Revolver lag geladen in der Schublade des Nachtschränkchens. Tags zuvor war er in den nahen Wald gegangen, um zu erproben, ob die Waffe in Ordnung sei; dabei stand er eine namenlose Angst aus, es könne ihn irgendwer bei seinen Probeschüssen sehen und dann zur Rede stellen. Für eine solche Situation fühlte er sich nicht gewappnet, aber es ereignete sich nichts dergleichen. Jetzt verspürte er nicht die geringste Angst – im Gegenteil. Noch nie hatte er sich seines Lebens so sicher gefühlt wie jetzt, im Besitz dieses sauber geölten, schussbereiten Revolvers. Mit ihm hatte er zugleich sein Leben zur freien Verfügung, und jedes Mal, wenn er in den vorangehenden Jahren seinen Revolver verlegt hatte, so fühlte er sich unsicher werden, als besäße er nun nicht mehr sein Leben.

Seine Weckeruhr zeigte 10 ½ Uhr. Er wartete nur noch den Besuch seines Freundes ab. Es kostete ihm von vorneherein einen schweren Entschluss, seinen geliebten Freund nun zum ersten und letzten Mal zu belügen, ihm *Gute Nacht* zu wünschen und dabei zu wissen, dass es zwar wohl für ihn selbst, aber nicht für seinen Freund eine ‚gute Nacht' werden könnte.

Er war noch inmitten dieser Gedanken, als der wohlbekannte Pfiff ertönte, mit dem sie sich gegenseitig ihre Ankunft schon von der Straße her zu melden pflegten. Wenige Minuten, und sie standen sich gegenüber; diese Minuten dünkten Fiala eine Ewigkeit. Kaum war Fialas Freund eingetreten, so verwirrten sich ihm seine Gedanken; er fühlte dass er eine Sünde begehe, wenn er sich seinem Freund entzöge. Dennoch musste es sein. Um der Versuchung eines Widerrufs von vorneherein zu begegnen, erwiderte Fiala den herzlichen Gruß mit einer an ihm ungewohnten Sachlichkeit, durch die er sich aber nur selbst verletzte. Der Freund war müde und wollte sich sogleich wieder verabschieden. Auf diesen kurzen, entscheidenden Moment eines unmittelbaren, letzten Abschieds von demjenigen Menschen, der ihm so unbedingt vertraute, war Fialas Herz nicht gefasst. Mit der spontanen Dringlichkeit einer zwangsläufigen Handlung bat er ihn, doch noch einen Augenblick bei ihm zu bleiben und ihm zu erzählen, wie er den Tag verbracht habe. So saßen sie sich eine Zeitlang gegenüber; Fiala hörte zu, insgeheim suchte er aber nach einer befreienden, nichtssagenden und doch alles sagenden Formel für den unvermeidlichen Abschied. In diesem Augenblick hatte Fiala, ohne dass er sich dessen schon bewusst war, der Mut zur unbedingten Verschwiegenheit, welche das Adjektiv aller wahren Entschlossenheit ist, verlassen. Seine Schwäche ging gleichsam aus ihrem konzentrierten Zustand wieder in einen diffusen über. Zwar beherrschte er sich noch vollkommen in Miene und Wort, und sein Vorhaben stand unverrückt fest. Aber als sich sein Freund zum zweiten Mal erheben wollte und ihn noch mit einem guten Wort auf bessere Zeiten vertröstete, da entglitt Fiala – halb unwillkürlich und halb mit Absicht – ein tonloses *zu spät*, das dumpf und hoffnungslos wie ein Stein in den Brunnen der Nacht fiel. Fialas Freund empfand die Unverständlichkeit dieses zusammenhanglosen *zu spät* als so bedeutungsvoll und unheilschwanger, dass er mit unerbittlicher Strenge auf einer näheren Erklärung bestand, die ihm Fiala hartnäckig zu verweigern suchte.

Umsonst bemühte er sich nun seinerseits, den Freund zu verabschieden. Fialas Wunsch, allein gelassen zu werden, blieb unerhört. Dieser Wunsch verkehrte die Wahrheit zur Lüge, denn er war aufrichtig und unaufrichtig zugleich. Seine Unaufrichtigkeit bewies sich, indem es Fiala geschehen ließ, dass ihm sein Freund nun Wort um Wort entriss, während sich seine Aufrichtigkeit darin bekundete, dass schon der Morgen dämmerte, ehe sich Fiala mit der Preisgabe des Geheimnisses seines Lebens ergeben hatte. Lautlos und spurlos kämpften sie zwischen vier Wänden in der Stille der Nacht auf Leben und Tod. Furchtbar war dieser Kampf, denn er geschah unter dem Zeichen der Freundschaft, und sein Blut war das unsichtbare Blut der Herzen. Völlig erschöpft und wie betäubt, saßen sie gegen Morgen einander gegenüber, sprachlos und beschwert von dem Geheimnis dieser Stunden.

Dann stand Fiala leise auf, entnahm der Schublade den Revolver und übergab ihn mitsamt den Patronen seinem Freund. Für einen kurzen Augenblick trafen sich ihre Blicke. Die sonst so gütigen Augen des Freundes brannten gleich feurigen Kohlen. Ihr unbeweglicher Blick senkte sich wie zur Besiegelung dieser Nacht in Fialas Augen und hinterließ ihm für immer den unauslöschlichen Eindruck eines erhabenen Vorwurfs.

Wenige Wochen darauf empfing Fiala zum Abschied den brüderlichen Kuss seines Freundes und verließ für immer den ‚Sarg'. Mühsam und langsam richtete er sich auf, wie die Toten am Jüngsten Gericht aus ihren Gräbern steigen, wenn sie der Schall der Posaunen ins Leben ruft.

Diese Nacht hatte in Fialas Seele den Grundstein zu seinem weiteren Leben gelegt, seinem großen *Nein* das größere *Ja* entgegengerufen.

Fialas Entwicklung kam jetzt zu ihrer Entfaltung. Dieser zweiten Lebensphase fehlt naturgemäß der pittoreske Effekt eines romantischen Durchbruchs. Das Leben wird in seiner zweiten Hälfte uninteressanter, wie ein Strom, der nun weiß, was er will und mit dem breiten Pathos der Gelassenheit seine Nebenflüsse aufnimmt und zum Meere fließt. Aber die Freuden und Leiden der Reife sind nur verborgener; in Wahrheit sind sie lebendiger und dauerhafter als die vorübergehenden Entzückungen und Betrübnisse der ersten Entwicklung, an deren Grenze der farblose aber gewaltige Markstein der Resignation steht. An dieser Grenze resignieren die meisten mehr oder minder *männlich*, d. h. sie werden *gesetzter*, indem sie auf die größeren Pläne ihrer schöneren Jugend verzichten und sie unter den harten Krusten einer mühsam erworbenen Sicherheit begraben. Was sie mit dreißig nicht halten, versprachen sie mit zwanzig. Fialas bewusste Resignation war anderer Art. Resignieren, das bedeutete ihm ein Sich-zurück-Finden in die wirklichen Möglichkeiten seines Lebens. Er verzichtete also im Grunde auf nichts, aber er wollte wirklich werden und sich verwirklichen, und um dessentwillen resignierte er auf das bloß Wünschbare aber nie *wirklich* Mögliche. Diese Resignation machte ihn daher auch nicht älter sondern jünger. Alt war er geworden, und greisenhaft hatte er als Knabe sein Leben bedacht, aber gegen das Ende seiner Jünglingsjahre wurde er jung.

Fialas neu erwachter Drang nach Wirklichkeit und Betätigung äußerte sich zunächst darin, dass er seine vielen Bücher nach Hause schickte und sich mit einer fieberhaften Eile nach einer Hauslehrerstelle umtat. Die Inserate, deren er habhaft werden konnte, prüfte er unter drei Gesichtspunkten:

1. nach der Anzahl der zu unterrichtenden Kinder,
2. nach der Höhe des Gehalts und
3. nach der Entlegenheit des Ortes.

Es kam ihm darauf an, eine Stelle mit möglichst wenigen Kindern, möglichst hohem Gehalt und an möglichst entlegenem Ort zu finden. Am liebsten wäre er nach Russland oder nach Italien gegangen, aber die Verhältnisse nach dem Kriege beschränkten die Auswahl auf die heimatlichen Grenzen. Für die Beantwortung der Angebote arbeitete er sich ein Schema aus, das er je nach Wortlaut des Inserats variierte. Der Ton dieser Briefe – es waren dies seine ersten „Geschäftsbriefe" – war erstaunlich kühn und bestimmt. Er verwies nachdrücklich auf seine Herkunft aus „guter Familie", worauf er in Wirklichkeit niemals Wert gelegt hatte, ferner auf seinen eben erworbenen Dr. phil.[49] – worauf er noch weniger Wert legte – und auf die Mannigfaltigkeit und Solidität seiner Kenntnisse – die durchaus nicht sehr mannigfach und solide waren – und schließlich auf seine pädagogische Praxis, die er bisher ein einziges Mal und mit mäßigem Erfolg erprobt hatte.

Das Ergebnis dieser Briefe waren sechs sichere Angebote aus den nordöstlichen Provinzen Deutschlands; vier davon schieden von vorneherein aus, kraft ihrer ungeheuren Kinderzahl. Die zwei übrigen wiesen das unvermeidliche Mindestmaß an Kinderzahl auf – je einen Knaben im Alter von 13 Jahren. Diese beiden Angebote unterschieden sich nur durch die Güte

---

[49] Erworben Im März 1923 in München bei Moritz Geiger; Titel: Auslegung von Nietzsches Selbstinterpretation und Nietzsches Interpretationen.

der verräterischen Handschrift. Nach eingehender graphologischer Untersuchung antwortete Fiala der Gutsherrin mit der besseren Handschrift, dass er bereit sei, den vollen Unterricht ihres Sohnes zu übernehmen. Zugleich ersuchte er um die Festsetzung des Termins und um die vorherige Einsendung des Reisegeldes.

In *Andrees großem Handatlas* vergewisserte er sich, ob ‚Kogel bei Malchow' gehörig entlegen sei; da er als geborener Süddeutscher noch nie bis Mecklenburg gekommen war, schien ihm diese Bedingung erfüllt. Eine Woche später saß Fiala im Zug, der ihn nach jenem sagenhaften *Schloss Kogel*[50] mit der fünfzackigen Krone bringen sollte. Auf der Fahrt durch die Getreidefelder der mecklenburgischen Tiefebene begriff er nachträglich, weshalb ihm sein Gehalt in ‚Zentner Roggen' angegeben worden war – eine Vereinbarung, die ihm umso vorweltlicher dünkte, als er von der damals herrschenden Inflation nur einen sehr mangelhaften Begriff hatte.

Nach 16-stündiger Fahrt hielt der Zug an der Station Malchow. Gewohnt an den Anblick der säuberlich gepflegten süddeutschen Ortschaften gruselte ihn etwas angesichts dieses düsteren und schmutzigen, aus einem trostlos grauen Tuff erbauten Marktfleckens. Beim Verlassen des Zuges erblickte er dicht am Ausgang des Bahnhofs, der einem Abladeplatz für ungeheure Milchkannen gleichsah, einen ländlichen Wagen,

---

[50] Herr auf Schloss Kogel bei Malchow war August Freiherr von Flotow, mecklenburgischer Kammerherr, geb. 1867. Max Weber zitierend, findet sich in Löwiths Gesamtwerk, Band 5, S. 408, folgende Charakterisierung: Die preußische Dynastie hat sich bis zum Ende des 19. Jahrhunderts auf den ostpreußischen Landadel gestützt. Dieser Stand vertrat aber immer mehr nur noch seine eigenen Interessen, und immer weniger das politische Gesamtinteresse der Nation; der Historiker Heinrich August Winkler verweist in einem ZEIT-Artikel vom 18.09.2003 auf eine Untersuchung von Stephan Malinowski, der belegt, dass zahlreiche Träger großer preußischer, auch ostpreußischer Adelsnamen in der Partei Hitlers aktiv waren.

auf dessen Bock ein Kutscher saß, der offensichtlich nach ihm Ausschau hielt. Sein versoffenes Halunkengesicht stand in einem merkwürdigen Missverhältnis zu einer tadellosen Livree, deren blinkende Knöpfe nur mit Mühe in den zugehörigen Knopflöchern hielten – so gewaltig war der Leibesumfang dieses kammerherrlichen Kutschers, der seinem Herrn nicht minder ergeben war wie dem Trunke. Dieser rötlich-blauen Blüte einer mecklenburgischen Gutsherrlichkeit war es sofort klar, dass Fiala der neue Hauslehrer sei; bevor dieser noch fragen konnte, zog der Kutscher seinen Zylinder und erklärte, dass er den Auftrag habe, den ‚Herrn Doktor' nach dem Schloss zu fahren. Die erste konventionelle Distanz des Kutschers zu Fiala war bald gebrochen, und zwar durch Fialas eigene Schuld. Er hatte ihm beim Aufladen des Koffers geholfen – eine Handlung, die auf den dicken Heinrich einen ebenso sympathischen wie unvornehmen Eindruck gemacht hatte.

Als Fiala in den hübschen und bequemen Wagen, einen sogenannten Sandschneider[51], stieg, wusste er freilich noch nicht, dass sowohl Wagen wie Pferde und Kutscher bereits seinem bürgerlichen Stand angepasst worden waren; er fuhr nämlich mit Garnitur Nr. 3. Kogel besaß nicht weniger als vier Garnituren Wagen mit entsprechenden Garnituren Pferden und Kutschern, die je nach dem adeligen bzw. bürgerlichen Stand der zu erwartenden Personen zum Abholen beordert wurden. Garnitur Nr. 4 war dazu ausersehen, das höhere Küchenpersonal zu befördern. Dem Gehalt nach stand Fiala zwar der sogenannten ‚Mamsell', dem Küchenchef, gleich – wenn man davon absieht, dass die Küche eines mecklenburgischen Gutes ihrer Natur nach gehaltreicher ist als ein Unterrichtszimmer, aber als einem Dr. phil. wurde ihm Garnitur Nr. 3 konzediert.

Kaum war Heinrich mit den Pferden außerhalb der Ortschaft, so begann sein schwerer Leib einen schüchternen aber

---

[51] Der Sandschneider ist eine leichte Kutsche, dessen Fuhrwerk bei leichten und lockeren Wegen nicht einsinken soll.

erfolgreichen Versuch zu einer Wendung zu machen. Diese Wendung hatte zur Absicht, mit Fiala in ein Gespräch zu kommen. Die Unschicklichkeit dieses Wunsches war ihm offenbar kein wesentliches Hemmnis, was umso leichter zu begreifen ist, als ihm die Herrschaft sein Gewissen war und dieses Gewissen nicht im Wagen saß. Heinrich begann mit einer Lobrede auf die kammerherrliche Familie und beglückwünschte Fiala zu seiner beneidenswerten Stellung; nach dieser Einleitung erzählte er aus der neuesten *chronique scandaleuse* des Schlosses Kogel, die er zum Schluss in dem klassischen Satz zusammenfasste: „Die Hauptsache ist, dass Sie wissen, wer in Kogel der eigentliche Kammerherr ist – nämlich nicht der ‚dumme August‘ (August war der Vorname des Kammerherrn) sondern seine Frau, d i e ist d e r Kammerherr.“

Diese allgemeine Orientierung Fialas hatte Heinrich auf Grund der Tatsache gewagt, dass sich die soziale Stellung eines Kutschers von der eines Hauslehrers doch nur gradweise unterscheidet, gemessen an dem absoluten Abstand beider zur Omnipotenz eines kammerherrlichen Landadels. Diese soziale Annäherung des Kutschers an den Hauslehrer erfolgte aber nicht etwa in der Absicht auf eine Nivellierung der bürgerlichen Grenzen; recht verstanden betonte sie nur den gemeinsamen Abstand gegenüber der feudalen Sphäre, zu der sich Heinrich und Fiala wie ein Jahreseinkommen von 3000 und 5000 Mark gegenüber einem solchen von einer Million verhielten. Daher bedeutete es auch keine Inkonsequenz, wenn sich Heinrich seine Zigarre doch nicht ohne weiteres anzündete, sondern Fiala um seine gnädige Erlaubnis bat. Fiala erteilte sie ihm so gnädig als nur möglich. Kraft der universalen Macht des vom kindlichen Alter durchaus unabhängigen Nachahmungstriebes bedurfte es des mutigen Vorbildes eines Heinrich Nr. 3, damit Fiala in der Gewährung dieses Wunsches auch seinen eigenen entdecken konnte.

Tief in den Wagen zurückgelehnt fuhr er mit dem Behagen eines fiktiven Gutsherrn durch die endlosen Wiesen und Felder seiner künftigen Herrschaft. Nach zweistündiger rascher Fahrt mündete der Weg in eine von hohen Pappeln bestandene Auffahrtsallee, an deren Ende die pseudogotischen Zinnen und Türmchen des Schlosses Kogel auftauchten. Heinrich warf seine Zigarre beiseite, straffte die Zügel und hielt in hochherrschaftlicher Haltung vor der Treppe des Hauptportals. Dies stellte sich freilich als ein taktischer Fehler heraus, den aber das Zeichen eines Dieners rasch zu verbessern wusste, indem es Heinrich veranlasste, den Hauslehrer vor das ihm ebenbürtige Seitenportal Nr. 3 zu fahren.

Fialas Blick hatte sich unterdessen bereits so weit für soziale Rangunterschiede geschärft, dass er keinen Moment darüber im Zweifel war, ob die Leute, die ihn am Tor erwarteten, zur ‚Herrschaft' oder ‚Dienerschaft' gehörten; er wurde bloß vom Gesinde empfangen und bemühte sich daher nach Kräften um eine würdige Repräsentation des bürgerlichen Mittelstandes. Ein Diener in minderer Livree nahm Fiala sein Handgepäck ab, ein anderer – ohne Livree – hob seinen Koffer auf die Schulter und ein dritter, in einer sehr vornehmen Livree, begrüßte ihn von ferne. Kammerzofe und Küchenmamsell standen im Flur und warteten vergeblich, dass Fiala als erster sie begrüße; vier reizende braune Jagddackel wälzten sich in einem großen Korb, und ein zarter Junge flüchtete beim Erscheinen des Hauslehrers in die dicht bei der Treppe (Nr. 3) befindliche Küche. Von der ‚Kammerherrin' und dem ‚dummen Aujust' war keine Spur zu entdecken. Im ersten Stock öffnete der Diener die Tür zu einem geräumigen schönen Zimmer, stellte Fialas Koffer ab und verfehlte nicht, ihm jenen Raum zu zeigen, den man vielleicht am besten das „öffentliche Geheimnis" nennen könnte. Dann empfahl er sich mit der lichtvollen Bemerkung, dass sich Fiala um 4 Uhr 30 der ‚Frau Kammerherr' im ‚Roten Zimmer' vorstellen möchte.

Die Zwischenzeit bis zu diesem großen Augenblick benutzte Fiala zur Verschönerung seines Äußeren und zur Erkundung des ersten Stockwerks, von dessen Gang aus zahllose Gemächer ihren Eingang hatten.

Zwei Minuten vor halb fünf erschien ein Kammerdiener, um Fiala ins Rote Zimmer zu geleiten. Eine solche Führung war auch durchaus notwendig, denn die Gänge und Treppen des Schlosses Kogel waren durch die Um- und Einbauten zahlreicher Generationen zu einem Labyrinth geworden. In der Diele überließ der Diener Fiala seinem Schicksal, welches sogleich in der Gestalt einer außergewöhnlich großen Dame über ihn hereinbrach. Sie begrüßte ihn mit süßsaurem Lächeln, entschuldigte die Abwesenheit ihres Mannes (er war auf der Treibjagd) und wies ihm in einer respektvollen Entfernung von ihrem roten Sofa einen Platz an.

Hierauf erklärte sie Fiala mit militärischer Präzision die Aufgaben, welche seiner harrten und klingelte zu deren näherer Demonstration ihren Sohn heran; es erschien ein zarter verschüchterter Knabe, der Fiala mit einem angstvollen Seitenblick auf seine unähnliche Mutter pflichtschuldigst begrüßte und sichtlich erleichtert war, als er aus dem Roten Zimmer wieder in den grünen Park durfte.

Im weiteren Gespräch mit der Kammerherrin blieb Fialas Blick unwillkürlich auf deren prominenter Nasenspitze haften. In dieser Nasenspitze konzentrierte sich nämlich mit imposanter Deutlichkeit das adelige Blut dieser Dame, wenn es wahr ist, dass der Adel blaues Blut hat. Anziehend war diese kammerherrliche Nasenspitze nämlich weniger durch die Arroganz ihrer am Ende leicht aufgestülpten und gegen die Oberlippe hin zu kurz geratenen Form sondern durch ihre bläuliche Farbe, welche umso eindrucksvoller war, als sie nicht offen zu Tage trat, sondern unter einer erheblichen Schicht weißen Puders hervorschimmerte und so dem Ganzen des Gesichts den Ausdruck verfrorener Würde gab. Und mit einer Folgerichtigkeit, die das Entzücken jedes systematischen Denkers ist, entsprachen dem Charakter dieser einen Nasenspitze auch alle übrigen Ausdruckserscheinungen dieser Dame, vor allem ihre nasale

Sprechweise, welche mit der Arroganz der Nase in vollem Einklang stand. Ebenso offenbarten Hände und Gang einen dürftigen Hochmut als die Substanz ihres bläulich verfrorenen Wesens.

Sie entließ Fiala mit einem ebenso klaren wie handgreiflichen Bekenntnis zu den zwei kardinalen ‚Ismen' ihrer gutsherrlichen Existenz: dem Nationalismus und dem Protestantismus; sie überreichte ihm zum Schluss ein lutherisches Gesangbuch und die neueste Nummer der Kreuzzeitung[52].

Bereichert um diesen vorläufigen Einblick in eine neue Welt, deren feudaler Horizont so fest umgrenzt oder borniert war, dass ein Akademiker wie Fiala schon allein durch seine bürgerliche ‚Bildung' den tiefsten Verdacht erregen musste, begab sich Fiala wieder auf sein Zimmer.

Gegen 6 Uhr abends vernahm er die Anfahrt zahlreicher Wagen und Automobile. Er blickte zum Fenster hinaus und gewahrte zu seinem Erstaunen die reale Ankunft einer Jagdgesellschaft, wie er sie bisher nur aus Eichendorffs Erzählungen gekannt hatte, und es überfiel ihn inmitten dieser Hochburg des Landadels ein Gefühl der Fremdheit, wie es vielleicht ein Schwarzer unter Weißen hat. Bei einem menschenfreundlichen Küchenmädchen erkundigte er sich, was ihm bevorstünde. Die Auskunft, welche er erhielt, war niederschlagend, denn sie gab ihm die schaurige Gewissheit, dass er sogleich am ersten Abend Gelegenheit haben werde, seine bürgerliche Wenigkeit vor einem erlauchten Kreise von Kammerherren, Baronen, Grafen, Freiherren und Titularfürsten so gut als möglich zu behaupten. Angesichts dieser bevorstehenden Überflutung durch

---

[52] Die *Kreuzzeitung* – offiziell *Neue Preußische Zeitung* – war von 1848 bis 1939 in Preußen und dem ihm folgenden Deutschen Reich eine überregionale Tageszeitung mit Sitz in Berlin. Als richtungsweisendes Organ der konservativen Oberschicht war sie zeitweilig sehr einflussreich. Mitinitiatoren u. a.: Moritz August von Bethmann-Hollweg und Otto von Bismarck. Theodor Fontane, ab 1851 ihr Auslandkorrespondent in London, war 19 Jahre lang für die Kreuzzeitung tätig.

die Gewässer des Adels legte Fiala ausnahmsweise den Rettungsring seiner militärischen Ordensrosette an, deren Tragkraft – in diesen Wassern – erstaunlich groß war, wenn auch bei weitem nicht so zuverlässig wie die eines kammerherrlichen Hausordens. Sein tadelloser, weil nie getragener Cutaway[53], musste ihm den Smoking ersetzen. Punkt sieben Uhr ertönte im Labyrinth des Schlosses der herrscherliche Klang eines bronzenen Gongs, worauf Fiala in der seelischen Verfassung eines beorderten Unteroffiziers die Treppe zur Diele hinabschritt. Glücklicherweise begegnete er seinem künftigen Zögling, der sich ihm mit der ängstlichen Naivität eines verwirrten Kindes anschloss und andererseits Fiala den Vorteil eines Begleitinstruments verschaffte, dessen Misstöne dem Publikum leichter entgehen als die Missgriffe eines Solisten.

Fialas Vorstellung durch die Schlossherrin ging relativ harmlos vorüber; denn es währte einige Zeit, ehe sich der Horizont des aristokratischen Gesichtskreises so weit über seine naturgegebenen und gottgewollten Grenzen ausgedehnt hatte, dass die erstaunliche Tatsache der leibhaftigen Präsenz einer bürgerlichen Existenz begriffen wurde.

Räumlich äußerte sich die selbstgenügsame Abgeschlossenheit dieser aristokratischen Kreise durch zwei Personen, die abseits im hintersten Winkel der Diele standen. Sie sahen in Fialas Ankunft eine erfreuliche Verstärkung ihrer bürgerlichen Minorität und begrüßten ihn daher mit dem dreisten Bewusstsein sozialer Gleichberechtigung. Es war der Gutsdirektor und seine Sekretärin. Der Gutsdirektor, von dem ein Sohn in Rostock studierte, war hochbeglückt, in Fiala einen jungen Mann zu finden, der ihm über den „wirklich“ erforderlichen Monatswechsel studierender Söhne eine unbefangene Auskunft geben konnte. Weniger eindeutig war dagegen die Freundlichkeit der Sekretärin. Sie gehörte nämlich zu den tragikomischen

[53] Großer Gesellschaftsanzug des Tages für den Herrn, im Gegensatz zum Frack, der abends getragen wurde.

Figuren, welche etwas sein wollen, was sie nicht sein können. Offenbar verschmähte sie es, unter den Augen ihrer Kammerherrin die bürgerliche Partei zu ergreifen, aber es gelang ihr auch nicht im Geringsten, damit den Adel für sich zu gewinnen. Ihr faktischer Platz war zwischen zwei Stühlen, das heißt, sie hatte überhaupt keinen Platz, sondern hing in der Luft. Die Zwiespältigkeit ihrer Lage bekundete sich auch in ihrem Äußeren. Von dem kammerherrlichen Vorbild verleitet, puderte auch sie ihre ebenfalls bläuliche Nase, aber so stark, dass der ganze Zauber der Transparenz verloren ging. Desgleichen war ihre weitbauschige Seidentoilette außerstande, den ärmlichen Eindruck ihrer missglückten Gestalt zu verbergen, geschweige denn zu heben. Und auch der Glanz ihrer falschen Perlen verblasste neben dem wahrhaft fürstlichen Schmuck der Kammerherrin.

Auf ein Glockenzeichen des ersten Kammerdieners schritt man paarweise an die reichgedeckte Tafel, deren kunstvoller Blumenschmuck das Resultat einer sechsstündigen Arbeit des kammerherrlichen Gärtners und der Haustochter war.

Als ‚Haustochter' bezeichnet man auf diesen Gütern einer, wenn schon nicht guten, so doch alten Zeit, ein verarmtes, adeliges, heiratsfähiges, aber noch unverheiratetes Mädchen, welches die Aufgabe hat, für die Ausführung aller gutsherrlichen Befehle zu sorgen, soweit sie die gesamte häusliche Wirtschaft und den Empfang sowie die Unterbringung der unaufhörlich ankommenden und abreisenden Gäste betreffen. Anstelle eines fixen Gehalts bekommt eine Haustochter die ungewisse Aussicht auf eine standesgemäße Heirat. Wenn sich nach dem Verlauf von zwei bis drei Jahren unter den Verwandten und Gästen des Hauses niemand findet, der sie aus ihrer stieftöchterlichen Existent befreit, so kehrt sie entweder auf das verarmte Gut ihrer Eltern zurück, oder sie unternimmt einen zweiten Versuch auf einem anderen Gut.

In einer ähnlich zweideutigen Abhängigkeit befindet sich außer der Haustochter nur noch der Gutspfarrer. Mangels einer wirklichen Dorfgemeinde ist er bei seinen sonntäglichen Predigten auf das Erscheinen der höchsten Herrschaften der umliegenden Güter und ihres Gesindes angewiesen. Da es aber die allerhöchsten Herrschaften meistens vorziehen, dem höchsten Herrn in einer Hausandacht zu dienen, so bedeutet dies für den Pfarrer den problematischen Vorteil des Predigens vor leeren Bänken statt zu tauben Ohren. Alle übrigen Angestellten befinden sich jedoch in einer durchaus eindeutigen Abhängigkeit, die proportional mit der Nähe zum Küchendienst an Härte verliert. Dies konnte der Anblick des ersten servierenden Kammerdieners bestätigen. Seine pantagruelische[54] Figur steckte in einer Livree aus schwarzem und rotem Tuch mit goldenen Borten, und es war bewundernswert, mit welcher Geschicklichkeit er beim Servieren seinen anstößigen Leib in einem respektvollen Abstand von den Gästen hielt. Fiala saß am unteren Ende der langen Tafel, zwischen seinem Zögling und der Sekretärin. Am oberen Ende thronte die Kammerherrin.

Nach dem zweiten Gang erhob sich ein ordensbedeckter germanischer Riese zu einem Trinkspruch auf das Wohl derer von Kogel. Seine Rede unterschied sich von einer akademischen Festrede nur durch den unliterarischen Charakter ihrer Gleichnisse, der Wortschwall war derselbe. Fiala konnte daher ohne weiteres folgen; ins Stocken geriet sein Verständnis nur einmal, als er nämlich anstelle des gewohnten akademischen Vergleichs: ‚beflügelt wie Merkur' das landwirtschaftliche Gleichnis vernahm: ‚leicht wie ein Pfund Federn'! Die Erwiderung des Kammerherrn, dessen slawisches Gesicht einen äußerst gutmütigen Ausdruck hatte, war insofern bemerkenswert, als er es trotz seiner standesbewussten Herrin gewagt hatte, am Schluss auch noch dem neuen Hauslehrer zuzutrinken. Das Diner wurde beschlossen mit dem Aufmarsch zweier riesiger

---

[54] Pantagruel ist ein Riese, bekannt wegen seines gesegneten Appetits. Aus dem Romanzyklus *Gargantua und Pantagruel* von Francois Rabelais (1494-1553)

Torten, an denen sich Fialas Zögling für lange den Magen verdarb, wodurch sich der Beginn des Unterrichts um eine Woche verzögern musste.

Nach dieser zweistündigen Arbeitsleistung, wie sie ein kammerherrliches Diner erforderte, erhob sich groß und mächtig als erste die Dame des Hauses; sie rückte ihren Stuhl zurecht, vergewisserte sich mit der Miene eines kommandierenden Generals, ob sich auch alle erhoben hätten, faltete hierauf über der Stuhllehne ihre großen Hände, senkte ein wenig ihre hochmütige Nase, öffnete stoßartig ihre vom Wein befeuchteten Lippen und dankte rasch und sicher mit zwei bekannten Versen eines protestantischen. Tischgebets für das tägliche ‚Brot', wobei Fiala unwillkürlich die Schlagsahne einfiel, deren Geschmack er noch im Munde hatte.

Nach dieser christlichen Krönung des Mahles bildeten alle mit ihren Händen um den Tisch eine Kette brüderlicher Liebe, nach deren Auflösung man in einen Salon schritt, dessen Fußboden über und über mit fünfzackigen Kronen eingelegt war. Zahlreiche Diener reichten Zigarren, Zigaretten, Mokka und Cognac, diese bewährten Elixiere eines gesättigten Lebens.

Mehrere Herren erwiesen Fiala die Ehre eines Gesprächs, das aber mangels eines gemeinsamen Gesprächsstoffs sich sehr rasch erschöpfte. Bereits um zehn Uhr fuhren die Wagen und Automobile der Gäste vor das Hauptportal; die Diener hielten die Mäntel bereit; die Herrschaften vereinbarten ihre nächsten Zusammenkünfte und um elf Uhr schlief Schloss Kogel den Schlaf des Gerechten.

In den folgenden Wochen fuhren dann Kogels Wagen nach den umliegenden Gütern, und so erzeugte eine Einladung die andere – ein wahres Perpetuum mobile gesellschaftlicher Inzucht, deren unerschöpfliche Antriebe Verlobungen, Heiraten, Todesfälle, Geburten, Taufen, Jagden und sogenannte ‚Tourniere' (so hießen die Schönheitskonkurrenzen im vierspännigen Wagenfahren) waren.

Fialas liebenswürdiger Zögling hatte im Unterschied zu seinen erwachsenen Brüdern nicht das geringste Interesse für Landwirtschaft, Reiten und Militär. Er war ein versonnener Spätling, der letzte seines Geschlechts, ein ‚Mao'[55], wie ihn Fiala in Erinnerung an F. Huchs Erzählung nannte. Das liebste war ihm ein Kanarienvogel, mit dem er sich stundenlang in der Sprache der Vögel unterhalten konnte. Der Tag, an dem ihm sein ‚birichino'[56] in den Park entflog, war der schmerzlichste seines traumhaften Lebens und der Tag, an dem ihn der Gärtner wieder eingefangen hatte, sein glücklichster, er weinte vor Freude. Ein halbes Jahr lang unterrichtete ihn Fiala mit der Strenge und Vorsicht eines älteren Freundes. Dann erbat er sich seinen Abschied.

Der letzte Sonntag vervollständigte noch das Bild dieser Welt durch die Vorführung einer kammerherrlichen Hausandacht. Um zehn Uhr vormittags versammelte sich im Salon die Familie, Haustochter und Hauslehrer. Das Gesinde war durch den ersten und zweiten Kammerdiener und die Kammerzofe vertreten. Der runde Tisch in der Mitte des Salons war vorsorglich bedeckt mit Gesangbüchern, die bereits an der Stelle des zu singenden Liedes aufgeschlagen waren. In der Mitte des Tisches stand ein großer Frosch aus grünem Porzellan. Unter dem Tisch lag zusammengerollt ein mattbrauner Jagddackel, dessen edler schmaler Kopf einen Stammbaum vermuten ließ, der demjenigen seiner Herrschaft in nichts nachstand. Für die nötige geistige Sammlung der beorderten Teilnehmer an der Hausandacht sorgten zahlreiche Ledersessel und ein gepolsterter Schaukelstuhl. In einer Ecke des Saales stand ein etwas schmächtiges Harmonium, auf dessen Bank, so demütig als es ihre Natur erlaubte, die Herrin thronte. In der gegenüberliegen-

---

55 Roman von Felix Huch, 1800-1952, deutscher Arzt und Schriftsteller, verfasste Biographien über Beethoven und Mozart.

56 Spitzbub

den Ecke standen mit scheinheiligen Mienen die drei Repräsentanten der Dienerschaft.

Als Fiala mit seinem Zögling eintrat, fehlten nur noch der Kammerherr und der älteste Sohn, ein schlanker, gut gebauter Jüngling, der lieber auf die Jagd ging, als zuhause saß und ebenso bildschön wie blitzdumm war: seine Schönheit verdankte er seiner Großmutter und die Dummheit seinem Vater, dessen geistiger Nährboden der Adelskalender nebst einigen Ullstein-Romanen bildete.

Nachdem alle versammelt waren, intonierte die Herrin des Hauses den ersten Vers des Liedes. Der zaghafte Bass ihres Mannes konnte sich neben dem krächzenden Fistelton ihrer Stimme nicht behaupten. Die Haustochter schützte Erkältung vor, Fiala hatte ein für alle Mal erklärt, dass er gänzlich unmusikalisch sei, seines Zöglings Stimmchen blieb unhörbar – nur die Kammerzofe und der erste Diener sangen mit dem Brustton einer geheuchelten Überzeugung. Als der zweite Vers glücklich vorüber war, setzten sich alle bis auf die Dienerschaft, im Kreise um den Tisch, worauf der Kammerherr, für den der Schaukelstuhl reserviert war, zu einem in Samt gebundenen Andachtsbuch griff, eine große Hornbrille aufsetzte und eine Epistel verlas, in der es sich um eine Erläuterung des christlichen Verhältnisses von Herr und Diener handelte. Die Verlesung ging bis auf zwei kleine Unterbrechungen glatt vonstatten. Die erste Unterbrechung bestand darin, dass der Kammerherr zum Telefon gerufen wurde. Die zweite war störender. Der Dackel war unter die Röcke der Haustochter gekrochen, worauf ihn der älteste Sohn auf seinen Schoß nahm, um die Andacht durch eine im Schloss Kogel berühmt gewordene ‚Dackelmusik' zu beleben. Die Musik wurde auf folgende Weise erzeugt: Man umfasste Kobis aufgerichteten Leib mit beiden Händen von der Seite und drückte ihn leise ein, wobei Kobi wie ein Gummitier äußerst merkwürdige Laute von sich gab; er bellte wie durch einen Dämpfer aus der Magengegend. Ein strafender Seitenblick des Kammerherrn blieb ohne Wirkung, denn sein Sohn war ihm schon längst in jeder Hinsicht über den Kopf gewachsen. Nach dieser erbaulichen Verlesung wurde Vers 3 abgesungen, und das Ganze schloss mit dem Vaterunser, welches der Jüngste beten musste. Als Mao den ersten Satz zu sprechen begann, fiel es Fiala auf, dass des Kammerherrn Schaukelstuhl plötzlich in Bewegung geriet. Der Kammerherr hatte nämlich die Gewohnheit, erst beim Schlussgebet seine bis dahin übereinander geschlagenen Beine gleichsam zu entfalten und auf diese Weise ein Höchstmaß an religiöser Haltung zu bekunden. Gegen elf Uhr war die Andacht beendigt; der zweite Diener sammelte die Gesangbücher ein, man erhob sich ermüdet von diesen wenn auch noch so liberalen Exerzitien und unterdrückte nach Kräften das Gähnen. Nur ein Glücklicher brauchte sich nicht zu beherrschen – der große grüne Laubfrosch aus Porzellan, der mit seinem unerhört weit geöffneten Maul auf dem Tische saß und auf der Stirn eine fünfzackige Krone trug.

Am Nachmittag und Abend packte Fiala seine Koffer, um am nächsten Morgen südwärts zu reisen. Die Wagenfahrt zur Bahnstation geschah diesmal in Garnitur 1, weil auch der Kammerherr mit Fialas Zug verreisen musste. Fiala saß noch beim Frühstück, als Kutscher Nr. 1 den Wagen vorfuhr und Diener Nr. 2 in der Diele den Fahrmantel und Fahrhut seines Herrn bereithielt. An der Bahnstation wechselte der Kammerherr Fahrmantel und Fahrhut gegen einen Reisemantel und Reisehut, die wiederum am Reiseziel durch einen Stadtmantel und Stadthut ersetzt wurden. Fiala musste bis nach Rom fahren, ehe er wieder – gelegentlich einer Pontifikalmesse – einen so wohldurchdachten und zeitraubenden Kleiderwechsel erlebte.

VITA NUOVA[57]

Fiale fühlte sein Leben bereichert und erfrischt durch die Erfahrung dieser fremdartig geschlossenen Welt, aber sein Sinnen und Trachten ging auf das Wahlverwandte. Er sehnte sich nach Dingen und Menschen, deren innerer Halt in der natürlichen Wohlgeratenheit ihres freimütigen Daseins beruhte und nicht, wie auf Kogel, in dem künstlichen Rückgrat einer erstarrten Tradition.

Ein glücklicher Zufall eröffnete ihm die Möglichkeit eines längeren Aufenthaltes in Italien. Fialas Liebe zu diesem Lande hatte die somnambule Sicherheit der wahren Liebe, der es genügt, das Ziel ihrer Sehnsucht auch nur ein einziges Mal und von ferne erblickt zu haben, um es für immer mit Leidenschaft festzuhalten.

Als Fiala die letzten Minuten vor Abfahrt des Zuges nach Rom das Geleise des Berliner Bahnhofs abschritt, buchstabierte er wie im Traum die Hieroglyphen seines neuen Lebens, welches ihm aus dem Namen der Städte entgegentrat, die auf dem Aushängeschild seines Waggons zu lesen waren. *Von Berlin über Nürnberg – München – Verona – Bologna nach Rom.* Diese Zeile bezeichnete ihm nicht verschiedene Etappen einer gleichförmigen Fahrstrecke, sondern eine Welt des Unterschieds und Gegensatzes. Unwillkürlich suchte er vor ‚Verona' nach einem dicken, roten Querstrich. ‚Verona', das klang ihm wie die Stimme einer Geliebten, von der ihn zunächst noch eine fremde Gesellschaft trennte, und der Wohlklang der vokalisch auslautenden Namen des Südens verursachte ihm einen leisen Abscheu vor der konsonantischen Härte zisalpiner Endungen.

---

[57] *Vita Nuova*, Ein neues Leben, um 1293 entstanden, ist ein Werk des italienischen Schriftstellers Dante Alighieri; es versteht sich als autobiographische Erzählung von den inneren Wandlungen seines Autors.

Eine Woche nach seiner Ankunft in Rom wanderte Fiala längs der Via Appia durch die braune Schönheit der Campagna[58] in die Sabiner Berge, deren vornehmes Silbergrau blaue Schatten belebten. Mit allen Sinnen atmete er die wunderbare Unkompliziertheit, das völlig Unromantische ihrer äußerst bestimmten aber nicht minder zarten Konturen ein. Er war bezaubert von ihrer Reinheit, und sein Auge folgte unermüdlich dem einfachen und doch so differenzierten Kontur, um für immer seiner Seele die stille Energie seines großen Linienflusses einzuprägen. So oft er die lichtgetränkten Vorgebirge des Südens durchwanderte, ergriff ihn mit neuer Macht der melodiöse Klang ihrer strengen Sprache. Diese Sprache schien ihm bekannt wie die Stimme einer vergessenen Kindheit. Und er erinnerte sich plötzlich der Geschichte seiner Sehnsucht nach dem Süden, deren Ursprung in Gestalt einiger vergilbter Blättchen in seiner Korrespondenz zu Hause begraben lag.

Mit 13 Jahren war Fiala mit einem Knaben befreundet, dessen Eltern an der ligurischen Küste ein Besitztum hatten. Zu Beginn der großen Sommerferien entschwand ihm sein Freund in den Süden. Allwöchentlich schrieben sie sich lange Briefe, und jeder ihrer Briefe enthielt die ganze Summe ihres eben erwachenden Lebens. Beide befanden sich in der ersten Krise ihres jungen Daseins. Fiala brütete in düsteren Gedanken auf den Anhöhen des Starnberger Sees, und seinen Leidensgenossen trieb es in der Verwirrung seines Lebens hinaus auf die nackten Vorberge der ligurischen Küste. In einem Brief erzählte er Fiala, wie auch er in der silbernen Einsamkeit einer mondhellen Nacht um den Sinn seines Daseins gekämpft habe, bis die Sonne ‚glühend und streng‘ (sie lasen damals beide Zarathustra) über den Horizont des duftenden Meeres gestiegen

[58] Campagna Romana: hügelige Umgebung Roms, durchquert von der Via Appia, 312 v.Chr. erbaute Römerstraße, geprägt von Grabdenkmälern und Ruinen römischer Aquädukte. Heute Staatsstr. 7; 540 km von Rom nach Brindisi.

sei. Fialas Freund[59], der später ein tüchtiger Maler wurde, veranschaulichte seine Schilderung durch vier kleine Skizzen, auf denen er nichts weiter als den Kontur der ligurischen Küstenberge im Lichte des Vollmondes festgehalten hatte. Seine anspruchslosen, zarten Bleistiftzeichnungen waren kleine Meisterwerke. Sie verwalteten, ohne es zu wissen, das große Erbe der deutsch-römischen Landschafter. Die Blättchen vereinten mit einer frauenhaften Zartheit in der Empfindung der Linie die männliche Klarheit eines herben Geistes. Daher vermochten sie den wahren Charakter der italienischen Vorgebirge zum getreuen Ausdruck zu bringen. Denn wodurch unterscheiden sich diese silbergrauen, kahlen Bergprofile des Südens von den grünen Waldgebirgen des Nordens, wenn nicht durch die zarte Bestimmtheit ihrer expressionistischen Klassizität.

Als Fiala zehn Jahre später nun selbst den Zauber einer heroischen Landschaft genoss und mit der Unermüdlichkeit eines freien und glücklichen Menschen an einem einzigen Tag von Tivoli über Subiaco bis Olevano[60] gewandert war, wusste er plötzlich, dass diese Linien schon einmal in seinem Leben gewesen sein müssen und ohne sein Wissen der Sehnsucht seiner Seele die Richtung eingebildet hatten, in der sie ihre Erfüllung suchen und finden sollte.

Drei Monate lang durchwanderte Fiala, berauscht von der Schönheit der Welt, die Täler und Höhen der Toskana, Umbrien, den Casentino, die nördliche und südliche Campagna, das

---

[59] Ludwig Ludowici, geb. 1897 als Sohn des Ziegelfabrikanten Wilhelm Ludowici. Karl Löwith kannte Ludwig seit seinem 13. Lebensjahr. Bei einem Besuch Löwiths im Jahr 1920 in München verweigert ihm Ludwig den Eintritt in seine Wohnung. Seine Frau ließ ausrichten, er könne ihn nicht sprechen und fragt, ob er nicht wüsste, dass er bei ‚Hitler' sei. „Von diesem Augenblick an begann für mich der Nationalsozialismus und mit ihm die Trennung von Deutschen und Juden." *Mein Leben in Deutschland*. S. 130.

[60] Das war eine Strecke von 49 km. Dieses Gebiet, 50 km östlich von Rom, war im 19. Jh. das Traumland vieler romantischer Landschaftsmaler.

alte Latium, Apulien, Calabrien und dann noch Sizilien. Besonders lange verweilte er in Girgenti, Assisi und Orvieto – diesen klassischen Repräsentanten eines bauherrlichen Geistes, der mit der Natur durch Schönheit und Strenge im Einklang stand. Und für immer senkten sich die Wurzeln von Fialas heimatloser Seele in dieses gesegnete Erdreich.

Obwohl er stets allein ging, fühlte er sich doch niemals einsam, denn es wuchs in ihm die Fähigkeit zur Freude, welche stärker ist als das Leid. Über sein Tun und Lassen kam eine frohe Ergebung, die ihn auch äußerlich veränderte; er wurde im gleichen Maße uninteressanter und schöner. Seine Mitwelt hielt er nicht mehr wie früher durch die Ausbrüche eines geknechteten Daseins in Spannung, aber die wesentliche Spannkraft seines Lebens war keineswegs erloschen; sie äußerte sich mit der Unauffälligkeit des Positiven in dem unromantischen Wohlklang eines frohen Ernstes.

Als Philosoph formulierte sich Fiala seine neue Erfahrung in dem Lehrsatz von dem „*Vorrang* des *Positiven* (z. B. des Harmonischen) gegenüber der größeren *Auffälligkeit* des *Negativen* (z. B. des Disharmonischen)". Sein Wesen verlor das Aggressive, denn er brauchte sich nun nicht mehr vor sich selbst zu verteidigen. In den drei Monaten seiner ungebundenen Wanderung durch Italien, deren einzige Orientierung die Richtung nach dem Süden war, hatte sich Fiala zugleich mit der Welt sein eigenes Leben erschlossen.

„Römische Elegien“

Froh seines Daseins, sammelte er sich zu neuer Arbeit. Über den Winter wählte er Rom zum Standquartier. Die Primitivität seiner Unterkunft im alten Borgo[61] wurde nur durch die home-

---

[61] Borgo, zwischen der Engelsburg und dem Vatikan gelegen, ist der XIV. Stadtbezirk Roms.

rischen Lebensformen der südlichsten Provinzen übertroffen. Anstelle der bisher gewohnten Diskussionen mit Studenten der Philosophie trat die lehrreichere Unterhaltung mit dem internationalen Völkchen der Pensionäre. Fialas Tischgenossen waren eine verarmte polnische Schriftstellerin, ein italienischer Schriftsetzer, der in der Typographie des Vatikans arbeitete, ohne jemals die Sixtinische Kapelle besucht zu haben, ein katholischer Priester indischer Rasse, eine angebliche spanische Baronin, ein italienischer Elektrotechniker, welcher die Pension mit ‚Radio' versorgte, ein ‚avvocato', der nie vor 3 Uhr früh nach Hause kam, ein spleeniger Engländer, dessen Verhältnisse im Dunkeln blieben und eine Germania, die ihr Berliner Temperament mit viel Geschick ins Italienische übersetzt hatte. Sie korrespondierte mit fünf Kardinälen und hatte ein Dutzend Monsignori zu Freunden, die alle seit Jahren auf ihre Konversion warteten, welche sie aber aus angeborenem protestantischem Trotz verzögerte. Ihre Intelligenz und Dreistigkeit wurde noch übertroffen durch ihren Egoismus, der sich aber vorzüglich in einer tyrannischen Fürsorglichkeit bekundete.

Bei Tisch bediente ein Mädchen namens Giulia. Man behandelte sie mit der naiven Grausamkeit, welche der Südländer im Umgang mit seinen Haustieren hat. Um sechs Uhr früh musste sie zur Stelle sein, und vor zwölf Uhr nachts kam sie nicht zur Ruhe. Eine eigene Kammer stand ihr nicht zur Verfügung: sie schlief auf einer Matratze, welche sie jeden Abend auf den großen Esstisch des sogenannten salotto[62] trug. Dieser salotto war aber durchaus kein Salon, sondern eine Art Verschlag zwischen dem Flur und der Küche. Zwei Öldrucke zierten seine schmutzigen Wände; der eine stellte einen Christus dar, der andere die Liebe in Gestalt eines schmachtenden Mädchenkopfes.

Giulias Monatsgehalt betrug 100 Lire, das waren damals etwa 15 Mark. Trotz ihrer äußerst dürftigen Lage war sie stets

---

[62] Salon

säuberlich gekleidet und nie verdrossen. Unermüdlich tätig, zuvorkommend und hilfsbereit, wurde sie allseitig ausgenützt. In dem beherrschten Ausdruck ihres blutlosen und abgezehrten Gesichts, dessen scharfes Profil verhaltene Leidenschaft verriet, war nie ein Wunsch zu lesen. Ihr entsagungsvoller Diensteifer hatte nichts von der sentimentalen Aufdringlichkeit des christlichen Fürsorgebetriebes gebrochener Existenzen, deren Tugenden aus dem unglaubwürdigen Stoffe der Not gemacht sind. Die Art ihres Dienens war sachlich und gehalten, wie die Gebärde der Dienerinnen auf den Gemälden Giottos. Sie bevorzugte keinen und benachteiligte daher niemand. In Konfliktfällen entschied sie souverän nach der jeweiligen Vordringlichkeit des Gewünschten.

Ein solcher Fall gab Giulia die Gewissheit, dass ihr Fiala von Herzen zugetan war. Die Berliner Dame, welche es im Gegensatz zu den echten Italienern stets eilig hatte, zog eines Mittags wegen Verzögerung ihres Essens alle Register ihrer italienischen Flüche, die wie immer die schuldlose Giulia trafen. Fiala war darüber empört und wies seine Landsmännin in Giulias Anwesenheit mit scharfen Worten zurecht. In Wirklichkeit war es ihm aber weniger darum zu tun, seine compatriota[63] anzugreifen, als vielmehr Giulia zu verteidigen. Giulia verstand diesen indirekten Ausdruck seiner Sympathie naturgemäß rascher als die ‚Signora tedesca'. Schnell und vorübergehend wie ein zündender Blitz traf Giulia Fialas Blick. Sie errötete über und über. Das blieb zwar nicht unbemerkt, wurde aber dank einer Verwechselung von Ursache und Folge auf das gleichzeitige Verschütten von Kaffee bezogen.

Fiala verließ so bald als möglich die Tischgesellschaft in der Aufregung seines Herzens. Den Nachmittag bis zum Abend irrte er in Rom umher – ‚impazzito d'amore'.[64] Sein Leben war plötzlich in Aufruhr geraten. Er fühlte nur noch die elementare

---

[63] Landmännin

[64] Verrückt vor Liebe

Kraft einer fremden Macht, der er sich willig ergab. Die winterliche Eisdecke seiner philosophischen Selbstgenügsamkeit zerbrach unter dem Ansturm eines heißen Windes und krachte in allen Fugen. Endlos schien der Nachmittag, und als der Abend war, wagte er es nicht, an dem gemeinsamen Essen teilzunehmen, denn er fürchtete sich vor der möglichen Profanation[65] ihres Geheimnisses. Bis zehn Uhr nachts schritt er in einem rasenden Tempo immer von Neuem das weite Rund der Kolonnaden von St. Peter auf und ab. Dann ging er zögernd nach Hause. Am schweren Haustor angelangt, läutete er, als hätte er seine Schlüssel vergessen – eine instinktive Berechnung, die ihren Zweck nicht verfehlte, denn Giulia war dem kleinen Küchenmädchen mit Windeseile zuvorgekommen und öffnete ihm selbst die Pforte. Worte fand Fiala so wenig wie Raffaels Petrus, als ihm der lichtumflossene Engel die Pforte des Kerkers erschloss. Ein leiser Kuss besiegelte im Dunkel ihre Liebe, die nicht von Heute und nicht von Gestern war und um das Morgen sich nicht sorgte. Ein kurzer Blick traf die Vereinbarung.

Die Pensionäre waren mittlerweile schlafen gegangen. Fiala half Giulia, die Matratze auf den Tisch des salotto tragen. Kurz vor Mitternacht sah das bronzene Knäblein des Donatello, welches im Flur stand und ein Amor ist, (was man nur daran erkennen kann, dass ihm sein Höschen entgleitet) wie sich die Glastür des salotto öffnete und eine junge Frau behutsam über die Steinfliesen des Flurs in das ebenfalls geöffnete Zimmer eines jungen Mannes schlich, der hinter ihr die Türe abschloss. Donatellos Knäblein löschte die Kerzen bis auf eine und wachte an der Tür.

Fiala löste ihr die Schuhe und befreite sie von ihrem Mantel, der das Nachtgewand bedeckte. Sie lockerte ihre schönen blonden Haare und gab sie Fiala zum Spiel. So saßen sie lange auf dem Rande des Bettes beisammen und spendeten sich jene

---

[65] Entweihung

unendlichen Zärtlichkeiten, welche die Wunden eines ganzen Lebens zu heilen wissen. Giulia erzählte ihm kurz die Geschichte ihres Lebens. Sie war so einfach und schwer wie die Geschichte der meisten Menschen. Früh zur Waise geworden, hatte sie mit 18 Jahren ein braver Mann geheiratet; nach zwei Jahren starb er und hinterließ sie völlig mittellos. Seitdem ging sie in Dienst.

Nach dieser Erzählung schien es dem Knäblein, als verstummten die Worte unter der bebenden Vereinigung ihrer Lippen und Leiber. Im Zimmer war es totenstill; nur eine vorlaute Maus knabberte in Fialas Papierkorb an einer alten Brotrinde. Kein Laut verriet die heiße Umschlingung ihrer liebestrunkenen Körper. Gegen fünf Uhr morgens erwachte Giulia wie eine frisch erblühte weiße Rose in dem braunen Geäst von Fialas Armen und Beinen und löste behutsam die Umschlingung. Das Knäblein öffnete ihr ehrfurchtsvoll und schelmisch die Türe von Fialas Zimmer und entfernte die unbenützte Matratze vom Tisch des salotto. Dann stellte es sich wieder bis zur Nacht auf die Konsole des Flurs, um Abend für Abend treu zu wachen über dem Tun der Liebe, welches die italienische Sprache ebenso schön wie einfach ‚far l'amore' nennt.

Seit dieser Nacht glich Fialas römisches Dasein in seinem Verlauf den ‚Römischen Elegien' Goethes; denn wie diese so handelte auch jenes weniger von der ‚ewigen Stadt" als von der zeitlosen Liebe. Äußerlich betrachtet hatte auch diese Liebe ihre Zeit, wie alles und jedes im Leben der Menschen.

Ostern verließ Fiala Rom. An einem wunderbaren Sonntagmorgen fuhr er zusammen mit Giulia hinauf zum Monte Mario, um ein letztes Mal den schönsten Blick auf Rom und seine Kuppel zu genießen. Auf dem Rückwege bat ihn Giulia schluchzend, er möge doch bei einem Schreibwarengeschäft halten lassen, sie brauche eine große Schachtel Briefpapier und viele, viele Federn, denn sie wolle ihm lange, lange Briefe schreiben – ‚sempre-sempre-sempre', wie der schöne Wahlspruch des Hauses Medici lautet.

In jener Nacht vor der Abreise beschenkte ihn seine arme Giulia mit einem rührenden ‚ricordo‘:[66] zwei buntgefleckten kleinen Meeresmuscheln, welche sie seit ihrer Kindheit auf der Wanderschaft ihres Lebens begleitet hatten. Zögernd überließ sie ihm dann noch eine Photographie aus früheren Jahren, als sie noch „schön und jung“ gewesen sei. Fiala trug sie wie ein großes Kind auf sein Bett. Zum letzten Mal umschlangen sich ihre Glieder, und Giulia ließ es zum ersten Mal geschehen, dass ihr Fiala auch noch das seidene Band löste, welches nach uralter römischer Sitte die Brüste umgürtet. Als der Morgen dämmerte, brachte Fiala nur mit leiser Gewalt Giulia wieder von sich, denn unersättlich wie das Leben war die süße Gier ihrer Umarmungen und ihrer saugenden Lippen. Während sich Giulia das Haar ordnete, befestigte ihr Fiala eine Halskette aus Perlmutter und Korallen, die er eines Tages in Sorrent – er wusste nicht wofür – von einem Fischer erstanden hatte.

Zwei Tage später hatte Fiala etwas außerhalb von Florenz ein Zimmer gemietet. Beim Öffnen des Koffers fand er zuoberst Giulias ersten Brief; sie musste ihn in der letzten Nacht in aller Eile geschrieben und in seinen Koffer eingeschmuggelt haben.

Mit dem nüchternen Blick des Verstandes gelesen, waren Giulias Briefe so uninteressant und eintönig wie alle reinen Liebesbriefe. Fiala sagten diese unendlichen Variationen der orthodoxen Liebesworte alles, was er zu wissen begehrte. Sie gaben ihm die zärtliche Gewissheit einer bedingungslosen Liebe. Die Entzifferung ihrer Briefe kostete ihn ganze Tage. Unbekümmert um die Lesbarkeit ihrer Schrift und um die Verständlichkeit ihrer Ausdrücke bedeckte Giulia ihre Briefbögen mit den Stenogrammen der Leidenschaft. Mit der Naivität eines Kindes setzte sie voraus, dass ihr Geliebter kraft seiner Liebe auch ohne weiteres den Dialekt ihrer Heimat verstehen müsse.

---

[66] Andenken

Zur Theorie des Selbstmords[67]

Inmitten dieser glücklichen Zeit erreichte Fiala die Nachricht vom Selbstmord eines entfernten Bekannten. Sie war der Anlass, dass Fiala an die Ausarbeitung der Grundidee seines freigewordenen Lebens ging. Sein philosophisches Tagebuch enthielt darüber folgende aphoristische Notiz:

> An seine eigentliche Grenze kommt das Leben nicht im Tod und auch nicht im Gedanken an den Tod, sondern in der Krise des Gedankens an den Selbstmord. Zu Ende gedacht wird das Leben nicht durch den abstrakten Gedanken an sein notwendiges und natürliches Ende, sondern durch den konkreten, ausführbaren Gedanken an seine widernatürliche und willkürliche Beendigung. Wer diesen Gedanken einmal im Ernst gefasst hat, und im Ernst gefasst hat wird er auch dann, wenn man mit ihm ‚spielt' – und wer hätte das noch nie getan? – für den nehmen die faktischen Selbstmörder kein Geheimnis mit ins Grab; denn der Selbstmord ist nicht mehr und nicht weniger als der vollendete Gedanke an den Selbstmord.
>
> Die Romantik des ‚freien Todes' ist ebenso unglaubwürdig wie der ‚Wille zum Leben', den der Selbstmord widerlegt. Andererseits ist die ‚Widernatürlichkeit' des Selbstmords keine oberste Instanz gegen ihn, denn der Mensch i s t in gewisser Weise ‚wider die Natur'. Das beweist schon allein die tatsächliche Möglichkeit des Selbstmords. Ein Tier kann sich nicht selbst vernichten, es hat weder die Freiheit zum Ja noch zum Nein, es lebt, kann aber weder leben *wollen*, noch kann es dies nicht

[67] Über den Suizid gibt es in Löwiths Gesamtwerk mehrere Texte: Siehe Band 1 seiner gesammelten Werke.

wollen. Naiv und echt ist in gewissem Sinn der stoische Selbstmord, weil der Stoiker frei ist von einer Überschätzung des Lebens. Er kennt weder das christliche Schreckgespenst von der ‚Sünde' des Selbstmords, noch die rationale Fadenscheinigkeit einer ‚Pflicht' zum Leben. Das Kunststück einer existenziellen Übernahme des Faktums, dass man da ist, notabene ohne den Glauben an die substantielle Güte dieses Da-seins (der eine ausdrückliche Übernahme unnötig machen würde) sei Kierkegaard und anderen Renegaten[68] überlassen. Man kann also einem anderen Menschen das Recht zur Selbstbefreiung nicht absprechen; sie mag noch so unchristlich sein, die bloße Selbstbehauptung aus eigner Kraft ist es nicht minder. Auch ist der Selbstmörder gegenüber allen halben Ausflüchten und Unwilligkeiten, wie man sie täglich um sich sieht, im moralischen (sic!) Vorteil des Radikalismus. Der Selbstmörder bringt die vermeintliche Unhaltbarkeit seines Daseins offen zum Ausdruck. An den perfekten Selbstmörder ist daher überhaupt keine sinnvolle Frage zu stellen. Auch nicht an ‚das' Leben; dieses steht diesseits von Gut und Böse wie der Selbstmörder jenseits. Zur Infragestellung bleiben also nur diejenigen übrig, welche ihm hätten helfen können – wenn er sich wirklich hätte helfen lassen wollen! Wenn aber das Missverständnis so weit gediehen ist, dass einer glaubt, es könne ihm nichts und niemand mehr helfen, dann versagt alle Hilfsbereitschaft.

Wer sich selbst total verleidet ist, der kann nur eines tun: sich allem öffnen, was a u ß e r ihm ist, d. h. in erster Linie der Natur und seinen Mitmenschen. ‚Trostlos' ist der Mensch erst dann, wenn er so schwach ist, dass er sich auch nicht mehr am Dasein von etwas *anderem* freuen

[68] Abtrünnige

kann. Tatsächlich kann ein *Grashalm* einen verzweifelten Menschen vor dem letzten Schritt bewahren. Aber der Selbstmörder beginnt ja damit, dass er sich vor der Welt verschließt und sich auf sich selbst stellt. Es gehört aber zum Sinn des menschlichen Lebens, in einer Welt von Seinesgleichen zu sein. Dadurch allein hat das Leben Sinn und bekommt es Sinn. Niemand kann sich selbst tragen. Diese Selbständigkeit ist eine Erfindung des theoretischen und existenziellen Idealismus, dessen Vertreter konsequenterweise zum Selbstmord kommen müssten, wenn sie faktische Solipsisten wären. Das tiefe Unrecht des Selbstmörders, sagt Solovjeff[69], ist nicht, dass er die Unwahrheit seines eigenen Lebens in der Form seiner Sinnlosigkeit und Schwäche erkennt, sondern daran glaubt. An das Leben wirklich ‚glauben', bedeutet aber, an seine Güte und Stärke glauben, ungeachtet seiner offensichtlichen Schwächen und Übel.

ANWENDUNG DER THEORIE: IN ROM – POMPEJI – UND AM VESUV

Darunter stand der Entwurf zu folgendem Briefe an seine Freunde in Deutschland:

Mein italienischer Aufenthalt gipfelt in drei Sensationen: in der Besteigung des Vesuv, in der Teilnahme an einer päpstlichen Funktion und in dem täglichen Erlebnis der Befreiung meines

---

[69] Solowjow, Wladimir Sergejewitsch (1853-1900), russischer Religionsphilosoph und Dichter. Philosophisch besonders an Spinoza, Schopenhauer und Schelling orientiert. Vertreter einer positiven christlichen Philosophie.

Lebens durch die Schönheit des Südens und den kindlichen Freimut seiner Bevölkerung.

Von dem Letzteren lässt sich nur mündlich erzählen, denn es sind im Grunde hunderte von sogenannten Kleinigkeiten, das Anekdotische des Alltags, worin sich der wahre Charakter einer Bevölkerung äußert und beweist.

Das Erschütternde einer päpstlichen Funktion ist für den Ungläubigen die sichtbare Tatsächlichkeit der Vergötterung eines Menschen, für den Gläubigen die leibhafte Präsenz des sündenvergebenden Statthalters Christi auf Erden. Wenn es wirklich etwas „Un-glaubliches“ gibt, so ist es der Einzug des Papstes in St. Peter.

St. Peter schien mir an diesem Tag zum ersten Mal ein Gesicht zu haben. Die sonst fast unerträgliche Nüchternheit seiner enormen Hallen in Weiß und Gold erfüllte eine vieltausendköpfige Menge schwarz gekleideter Frauen und Männer aller Nationen und Stände. Mein Platz war nahe dem Hauptaltar, dessen barock gewundene Riesensäulen unter der Herrschaft fürstlicher Päpste aus den Bronzeziegeln des antiken Pantheon für das katholische Pantheon der Christenheit umgegossen wurden. Links vom Altar war für den Papst der Baldachin aus weißer Seide bereitet. Hinter den haushohen Säulen des Tabernakels[70] erglänzte im Licht der durchscheinenden Sonne das goldbraune Oval des von dunkleren Strahlen durchzogenen Fensters, in dessen Mitte die symbolische Taube schwebt. Alle Säulen des Hauptschiffes waren mit schwerem rotem Samt umkleidet.

Schlag zehn Uhr erhellten zahllose Lichter die kassettierten Deckengewölbe. Zugleich erscholl der helle Klang der althergebrachten silbernen Trompeten zum Zeichen, dass der Papst durch das Seitenportal, welches St. Peter mit dem Vatikan verbindet, eingezogen sei. Fast eine halbe Stunde lang schmetterten die festesfreudigen Fanfaren die Melodie ihrer frohen

---

[70] Aufbewahrungsort der Reliquien

Botschaft durch die weiten Hallen; denn so lange währte es, bis der Papst auf seinem Thron zum Hauptaltar vorangetragen war. Dort vollzog sich mit Vorsicht seine Landung. Die acht Kammerdiener, auf deren Schultern die Tragestangen des Thrones ruhten, setzten ihre kostbare Bürde ab, und der Magier im weißen Silberbrokat nahm Platz unter dem Baldachin, umgeben von seinen roten Kardinälen, die ihm nacheinander den Fischerring küssten, um sich dann zu seinen Füßen, auf den Stufen sitzend, zu gruppieren.

Aus der Entfernung sah man vom Papst zunächst nichts als das funkelnde Kreuz auf seiner edelsteinbesetzten dreireifigen Krone, an deren Stelle während der Messe eine goldene Mitra trat. Langsam und unter leisem Schwanken des dunkelroten Thrones wurde er durch einen freigehaltenen Gang des Mittelschiffs nach vorne getragen. Zu beiden Seiten des Ganges präsentierten die blau- und gelb-gestreiften Schweizergarden. Im Zug folgten der Reihe nach in gemessenem Schritt etwa 30 Kardinäle, die spanischen Kammerherren in schwarz, die Ritter vom Heiligen Grab, Vertreter des Malteser Ordens und römischer Adel. Unter den Kardinälen befanden sich hagere, vornehme Greisengestalten von unerschütterlicher Würde, andere wieder waren gemein und fett wie bäurische Zeloten;[71] fast alle aber hatten das undurchdringliche Gesicht sicherer Diplomaten.

Die kirchliche Disziplin überragt jeden militärischen Gehorsam. Welcher Hauptmann müsste seinem Oberst etwa Mantel und Säbel bringen? Ein Kardinal verrichtete aber seinem obersten Herrn genau die gleichen Dienste, welche ihm ein Bischof und diesem wiederum ein Monsignore und dem Monsignore ein gewöhnlicher Priester und dem gewöhnlichen Priester ein kommuner Ministrant zu verrichten hat. Der 93-jährige Kardinal Vanutelli[72] trug das Räucherfass, der ehemali-

[71] religiöse Eiferer

[72] 1836-1930

ge Staatssekretär Merry del Val[73] die Mitra und ein dritter das Messbuch.

Unaufhörliche ‚Evviva'-Rufe begleiteten den Papst auf seinem friedlichen Siegeszug durch die Halle. Regungslos und sprachlos saß er auf dem Thron, weder Mensch noch Gott sondern leibhaftiger Götze. Das einzig Menschliche an seiner Erscheinung war die Brille und die leichte Bewegung seiner Segen spendenden Hand. Aber auch diese Bewegung hatte durch ihr mechanisches Gleichmaß etwas Ungewöhnliches. Unvergleichlich ist überhaupt das Zeremoniell seines Einzugs mit irgendeiner weltlichen Aufmachung, denn der Papst wirkt als die unnahbare Verkörperung einer schweigenden Macht. Er geht restlos auf in dem, was er bedeutet. Er ist, was er bedeutet, und er bedeutet dem Katholiken Alles in Allem. Eigentlich ‚repräsentiert' er auch gar nicht, denn was er repräsentiert, ist ganz und gar in ihm präsent. Mit seiner Erwählung zum Papst versinkt die profane Geschichte seines Vorlebens, er ist nun der Papst, aber kein mit der Zeit zum Papst beförderte Bischof namens Ratti, und dass er Pius XI.[74] ist, das ist belanglos gegenüber dem, dass Pius XI. ein Papst ist. Der Papst erwidert daher auch nicht huldvoll wie Könige und Kaiser die Akklamation der begeisterten Menge, denn zwischen ihm und ihr besteht nur *ein* Kontakt: die Erteilung seines Segens.

Als er vorüberzog, stellten sich mehrere Frauen meiner Umgebung schnell auf die Bänke, und wie Kinder, welche mit Brenngläsern die Strahlen der Sonne versammeln, so hielten diese Frauen im Augenblick seiner geringsten Entfernung geschwind geöffnete Schächtelchen hin, damit deren Inhalt den

---

[73] Kurienkardinal, 1865-1930; galt als frommer Eiferer.

[74] Papst Pius XI. (1857-1939), mit dem bürgerlichen Namen Achille Ratti wurde 1922 zum Papst gewählt. Er schloss 1929 mit Mussolini die Lateranverträge, durch welche die Vatikanstadt die Unabhängigkeit erlangte und der Katholizismus in Italien zur Staatsreligion erklärt wurde. Seine Position gegenüber Faschismus und Kommunismus wurde sehr unterschiedlich bewertet.

päpstlichen Segen auffangen könne. In hastig herunter gesprochenen Bittgebeten und heftigem Schluchzen äußerte sich die Erregung der Gläubigen, die ich nicht mit protestantischem Hochmut Betrogene nennen möchte. Der protestantische Widerspruch und Vorbehalt sieht stets zu kurz; nur einer, Dostojewski, wusste in seinem ‚Großinquisitor' die Frage an den Katholizismus, und das heißt an den Papst, so machtvoll und weitblickend zu stellen, dass sie der katholischen Antwort ebenbürtig und als Infragestellung dieser Antwort überlegen ist.

Die zeitgemäße Farce fehlte auch diesem Schauspiel nicht: Zwei Herren in Frack und weißer Binde hatten nahe dem Hauptaltar hinter zwei Säulen ihre kinematographischen Apparate aufgebaut. Am Tag darauf konnte man in einem Schaufenster der Via Babuino den Erfolg ihrer optischen Beschießung sehen. Unglücklicherweise blätterte der Ventilator die Aufnahmen etwas zu rasch ab, sodass die Bewegung des Segnens im prestissimo eines Dreivierteltaktes ablief und ebenso komisch wirkte wie ein rapider Skisprung unter der retardierenden Zeitlupe.

Ich fasse meinen Eindruck von der päpstlichen Funktion mit den Worten eines italienischen Anonymus zusammen:

> Da ist in Rom ein Greis, der ungefähr 1900 Jahre zählt. Er heißt Petrus oder Gregor oder Bonifazius oder Leo oder Pius – er ist immer ein und derselbe, d. h. ‚il Pàpa'. Wer ist der Papst? Der Papst ist ein Priester in Weiß, der, wenn es nötig ist, ‚nein' sagt. ‚Nein' zu Nero wie zu Heinrich IV., zu Barbarossa, wie zu Heinrich VIII., zu Napoleon I. wie zu Viktor Emanuel II. Ist es das Nein eines Fanatikers oder eines Inspirierten? „Was halten sie davon, Herr Voltaire?"

Dieser geistreiche Anonymus vergaß aber in seiner Polemik gegen Voltaire eines, und zwar das, worauf alles ankommt: dass der Papst ein für alle Mal schon ‚Ja' gesagt hat – zur weltlichen Macht – nämlich zur Zeit Konstantin des Großen, aus welcher Zeit auch allererst die öffentliche Lüge einer ‚christlichen' Zeitrechnung[75] datiert.

Vor kurzem wurde das angebliche Konstantinskreuz[76] restauriert und unter Mussolinis Regierung auf der höchsten Spitze des römischen Kapitols, dessen geschichtliche Nachfolge aber der Vatikan des ‚pontifex maximus' ist, errichtet. Es hat dort keinen leichten Stand, denn eine Minerva macht ihm in unmittelbarer Nähe eine heidnische Konkurrenz. Aber in Rom verträgt sich alles! Petrus schwingt seinen Schlüssel auf der Trajanssäule, Kreuze krönen die Spitzen ägyptischer Obelisken, und antike Badewannen aus den Thermen dienen zu Altartischen. Rom hatte bei dieser zweideutigen ‚Kreuzerhöhung' wieder einmal eine ‚festa', und weltliche Festlichkeiten oder kirchliche Glorifizierung, das ist der lebensfreudige Charakter seines Wesens.

Rom ist der Inbegriff der europäischen Weltlichkeit. Das europäische Erbe, welches mir Rom repräsentiert – ich habe erst hier meine ‚humanistische' Schulbildung eingeholt, gebilligt und verstanden – zeigt sich hier in einer phantastischen Solidität und Dauerhaftigkeit, trotz Weltkrieg und russischer Revolution. Jedes Mal, wenn dieses Erbe, an dem wir alle schwer zu tragen haben, obgleich wir es nutznießen, verbraucht schien, hat es sich kraftvoll erneuert. Eine ununterbrochene Kette von Sanktifikationen[77] kirchlicher und profaner Art hält Roms Bestand am Leben. In Verfall geraten sind auch die kleinen Städte wie Viterbo, Orvieto usw. im Grunde nicht; sie ver-

---

[75] Dionysios Exiguus (270-540) gilt als Begründer der christlichen Zeitrechnung. Aber eine christliche Zeitrechnung existiert nicht, da die übrigen Elemente eines Zeitrechnungssystems, insbesondere die zyklischen Strukturen mit Sonnenjahren, Monaten, Wochen und Wochentagen aus älteren Kulturen übernommen sind.

[76] Mit *Konstantinskreuz* ist das imperiale Siegeszeichen PX des römischen Imperators Konstantin gemeint, aus dem sich das zentrale Symbol der Christen – das Kreuz – entwickelte.

[77] Heiligwerdung oder Heiligmachung

harrten nur auf dem Stande ihrer mittelalterlichen Ausbildung. Verfallen werden diese wunderbaren Stätten eines voraussetzungslosen, unhistorischen Lebens erst dann, wenn der moderne Faschismus, dem ebenso zweifellos wie in Europa Amerika die Zukunft gehört, auf der ganzen Linie, vor allem in den Schulen gesiegt haben wird. In weiteren 30 Jahren wird Rom ein modernes Paris sein. Diese Städtchen müssen dann verfallen, weil sie sich nicht mehr wie bisher konservieren können; in der Konservation liegt aber die ganze Lebenskraft des eigentlichen und katholischen Italien. Der rapide ‚Fortschritt', welcher aller Technik im engsten und weitesten Sinn von wissenschaftlichen Arbeitsmethoden eignet, erzeugt eine Schnelllebigkeit, welche das Fundament ihres Daseins – die naive Gelassenheit ihres traditionellen, homerischen Lebens – untergraben muss. Bisher ist die stabile Kontinuität in der Lebensweise des italienischen Volkes, welches nicht zu verwechseln ist mit seiner jeweiligen Vertretung, im Wesentlichen ungebrochen, dank seines weltlichen Katholizismus, in dem sich das spätantike Erbe restlos erhalten hat. Der größte Teil des katholischen Kultus, welcher sich so wunderbar mit Jahrmarkt und Feuerwerk verbindet, ließe sich aus Vergil und Ovid belegen. Es bedeutet keine bloß historische Reminiszenz sondern eine unmittelbare Einheit des Lebensgefühls, wenn sich Neapel heute anschickt, den Todestag des Zauberers Vergil mit Pomp zu feiern. In Sulmona, in den Abruzzen, ist der Corso noch heute nach Ovid benannt. Ovid wird dort wie ein santo verehrt. Die neuerdings ausgegrabene Schenke des antiken Ostia findet Ihr in 100 Exemplaren unter dem Namen ‚Bar' im heutigen Rom, und wie in Pompeji liest man noch heute an römischen Häusern, welche Zimmer zu vergeben haben, häufiger das alte ‚est locanda' als das moderne italienische ‚si affitata'. Die Columbarien[78] des antiken Ostia stehen neu in Settignano, und die

---

[78] Columbarien: reihenweise übereinander angeordnete Kammern für Urnen

Lupanarien[79] Pompejis stehen unverändert im heutigen Neapel, mit dem einzigen Unterschied, dass anstelle des Phallus eine rote Laterne den eindeutigen Weg weist. Die Art wie eine Pomejanerin ihr Halstuch umwarf, ist die typische Art, wie auch noch heute jede Italienerin ihr Halstuch trägt. Und so ließe sich das Thema endlos variieren. Pompeji ist ein ausgegrabenes kleines Rom und Rom – ein noch nicht verschüttetes großes Pompeji. Um dieses ‚noch nicht' wissen alle, die im Erlebnis irgendeines Untergangs das radikale Bewusstsein von der Vergänglichkeit alles Irdischen zum Rückgrat ihres Lebens bekommen haben. Negativ wusste darum der leidende Leopardi[80]; G. Pascolis[81] franziskanische Demut erkannte es positiv. Die große Pilgerin E. Duse[82] lebte diese Erkenntnis bis zu ihrem letzten Atemzug, und in Pirandello[83] hat das moderne Italien den unerbittlichen Analytiker der Problematik alles m enschlichen Daseins[84]. Aber lest lieber die 18. Homilie[85] Gregors des Großen, diese erhabenste Leichenrede, welche je ein Landesvater am Grabe seiner Stadt gesprochen hat: „Es scheint, dass in Rom, einst die Herrin der Welt, nun erfüllet ist, was Ezechiel über Samaria prophezeit hat: ‚Stelle den Topf und gieße Wasser darein und tue darein ihre Stücke zusammen. Es siedete und kochte, und ihre Knochen sind verkocht. Häufe die Knochen zusammen, dass ich sie mit Feuer anzünde; es soll

---

79 Lupanarien: Bordelle

80 Leopardi, Giacomo, 1798-1837, italienischer Dichter und Philologe

81 Pascoli, Giovanni, 1855-1924, italienischer Dichter

82 Duse, Eleonora, 1858-1924, bedeutende italienische Schauspielerin

83 Pirandello, Luigi, 1867-1936, bedeutender italienischer Dramatiker, der 1934 den Nobelpreis erhielt.

84 Pirandellos Analyse menschlicher Verhältnisse taucht in Löwiths Habilitationsschrift *Das Individuum in der Rolle des Mitmenschen* (S. 101) wieder auf: Wir verbauen uns ständig, indem wir uns selbst und die anderen, mit denen wir zusammen sind, etwas „aus uns machen", was wir „an sich" gar nicht sind.

85 Homilie: eine die Bibel auslegende Predigt.

das ganze Fleisch aufgezehrt und ihre ganze Masse verkocht werden, und die Knochen sollen vergehen. Stelle den leeren Topf auch über die Reiser, damit er glühe und sein Erz zerschmelze.‘ “

Als ich diese Homilie zu Ende gelesen hatte, war es mir, als hätte ich Pompejis Untergang vernommen. Denn ihre Sätze ergießen sich machtvoll und unerbittlich wie der Strom der heißen Lava über die blühenden Stätten des menschlichen Lebens.

Zwei Tage lang durchwanderte ich Pompeji im blendenden Licht eines warmen Septembertages. Ein azurner Himmel überwölbte das stumpfe Grau der Basaltplatten und die rötlichgrauen Backsteinfassaden seiner kleinen Häuser. Hinter ihren Mauern ragte der scharfe Kontur eines rotbraunen stumpfen Kegels in das wolkenlose Blau. Ein langgezogener Schweif weißen, dichten Rauches, der von der Spitze des Kegels träge nach Osten bog, gab mir die Gewissheit, dass es der Vesuv sei.

Das Innere der pompejanischen Häuser stellt das alltägliche Leben in allen seinen liebenswürdigen Einzelheiten zur Schau. Diese Konservierung ihres Lebens ergänzt sich durch die grausige Konservation ihres plötzlichen Sterbens. In dem Museum liegen in Glaskästen etwa ein Dutzend pompejanischer Leichen, deren Gestalt sich auf die Weise erhalten hat, dass sie, vom Ascheregen völlig bedeckt, im Laufe der Zeit vermoderten, wobei aber die Leerform ihrer Körper erhalten blieb und dann aber bei den Ausgrabungen wieder kunstvoll mit Gips ausgegossen wurde. Der Anblick dieser überraschten und von der Natur in ihren letzten Lebensbewegung fixierten Menschen ist unheimlich fesselnd. Er erinnert durch die Stabilisierung der lebendigen Züge an den Ausdruck mancher Totenmasken. Aber es fehlt den Gestalten dieser verschütteten Pompejaner die beruhigende Totenstille der Verstorbenen. Mitten im Leben hat sie der Tod festgehalten und ihnen gleichsam keine Zeit zum Sterben gelassen. Diese überraschten Menschen waren eigentlich der Anstoß zu dem Entschluss, am Nachmittag von Pompeji aus den Krater des Vesuvs zu besichtigen.

Kaum hatte ich das Ausgangstor durchschritten, so umringten mich auch schon ein Dutzend neapolitanischer Jungen, die mir in einem kaum verständlichen Dialekt unerwünschte Dienste anboten. Als sie merkten, was ich vorhatte, legitimierten sich zwei ältere Jungen als ‚guida autorizzata' zur Besteigung des Vesuv. Um zu beweisen, dass sie wirklich autorisierte Führer seien, zeigten sie mir unter viel Geschrei eine Unzahl schmieriger Visitenkarten aus aller Herren Länder, auf deren Rückseite zu lesen war, dass man mit ihnen zufrieden gewesen sei. Ihre Forderung war billig. Ich zog also mit einem der beiden los. Eine halbe Stunde fuhren wir in einem zweirädrigen Wagen, dessen Deichsel dreifach geflickt war, in rasendem Tempo bis zu dem Örtchen, wo der padrone die Maulesel bereithielt. Auf halber Strecke ging das Pferd durch, und ich war darauf gefasst, jeden Augenblick aus dem Wagen zu fliegen, aber es geschah nichts Dergleichen. Wir hielten an der Osteria und tranken dort ein paar Gläser dunkelgelben, süßen Weines. *Lacrima Christi* war sein Name, so universal ist in Italien die ‚Tendenz zur Sanktifikation'!

Gegen drei Uhr nachmittags bestiegen wir unsere munteren Maulesel, deren zarte Beine mit erstaunlicher Sicherheit und Schnelligkeit einen elenden Weg zwischen mannshohen, unregelmäßigen Mauern aufwärts schritten. Rebengehänge, Mandelsträucher, dunkelgrüne Feigenbäume und das bläuliche Silbergrau der Oliven begleiteten uns etwa eine Stunde lang zur Höhe. Die dichten Fruchtgärten dieses paradiesischen Gefildes hatten mir bisher den Ausblick auf den oberen Teil des Berges verstellt. Da brach fast ohne Übergang die Vegetation ab, und wir befanden uns in einem Sattel an der Grenze des freundlichen Lebens der Erde. Der Kegel des Berges lag jetzt machtvoll in seiner ganzen Breite vor uns. Die rotbraune Gestalt der Fernsicht enthüllte sich in der Nähe als eine grässliche Öde schwarzbrauner und aschgrauer Lavafelder, Felder, über welche der Tod triumphierend geritten war, aber nicht wie im Krieg und im täglichen Leben, sondern ertötend durch das

Gorgonenhafte seines langsamen aber unaufhaltsamen Rittes vom Gipfel zum Meer, dem Einzigen, was ihm Einhalt gebieten durfte als ebenbürtiges Element der Erde.

Bevor wir weiter hinan ritten, rasteten wir an der Hütte des sogenannten Eremiten, der letzten Behausung auf dem Weg zum Krater. Ich wendete mich zurück und übersah jetzt die Gefilde der Seligen: die Küsten von Castel a Mare und Sorrent, die Inseln und das tausendfach glitzernde Neapel, in dessen Galleria Umberto gegen Abend die Hure der Welt ihre glänzenden Nächte vorbereitete. Der Weg, der von hier ab nurmehr in der ausgetretenen Spur der Tiere bestand, wurde sehr steil, und unsere braven Eselchen sanken tief in den Aschensand ein. Links vor uns war der Weg zu sehen, den die Lava der großen Eruption von 1794 genommen hatte, eine stufenartig gebrochene Schlucht, deren Gestein die verschiedenen Schichten der Erstarrung aufwies. Schweigend ritten wir bergan, quer über dichte Asche und Lavaplatten, die zu unregelmäßigen Trümmern verwittert waren. Weder das Meer noch die Wildnis können einen Begriff geben von der vollkommenen Unmenschlichkeit dieser Lavafelder, denn in der Wildnis herrscht romantisches Leben, und das Meer atmet in vollen Zügen, und auch noch Wüsten haben ihre Oasen. Aber hier herrscht das unwiderrufliche nackte und sprachlose Verderben, dessen Ursprung das hohle, schwarze Nichts eines infernalischen Kraters ist.

Das letzte Stück des Aufstiegs mussten wir wegen seiner Steilheit zu Fuß zurücklegen. Als die rote Scheibe der Sonne glühend ins Meer tauchte, hatten wir gerade den scharfen Rand des Kraters von 1906 erstiegen.

Strindbergs ‚Inferno' ist eine genussvolle Quälerei gegenüber den Qualen der Dante'schen Hölle und Dantes Inferno ein Purgatorium im Vergleich zu dem Höllenschlund dieses erhabenen Kraters. Aber wo ließe sich radikaler philosophieren als auf dem Observatorium des Vesuv, an der Grenze des Lebens, im Bewusstsein der Freiheit zum Sterben und zum Leben? Selbst Adam kann nicht freier gewesen sein, als er die namenlosen Dinge der Welt benennen durfte. Wie unendlich fern rückt man hier den verzerrten Perspektiven des städtischen Lebens. Ja, man muss auf kahlen Bergen im Angesicht des nackten Meeres leben, um zu sehen, was etwas ist, und was an einem selbst ist – dort, wo in früheren Zeiten geistliche Orden ihre Klöster erbauten und ‚Regeln' des Lebens entdeckten.

Mein Führer drängte wegen der einbrechenden Dunkelheit zum Aufbruch. Ich umfasste noch einmal mit dem Blick das infernalische Rund des schwarzen Kraters, in dessen Mitte sich der kleine, stumpfe Kegel erhebt, aus dessen Öffnung wie aus dem Schlot einer riesigen Lokomotive unaufhörlich die qualmende Rauchsäule emporquoll. In unregelmäßigen Abständen dröhnte es in der Tiefe dieses Lavakegels, von dessen Rändern die zähe, schwere Masse, durchsetzt von den grünlichgelben Rinnsalen des Schwefels langsam in den Krater floss, um dort allmählich zu widerlich gedrehten und gewundenen Klumpen zu erstarren. Inmitten der Rauchsäule schwirrten rotglühende Schollen, welche sich aber nur unweit von der Stelle ihres Auswurfs entfernten und meist in die Öffnung des Kraterkegels zurückfielen.

Wir stiegen durch Sand und Asche zu den Tieren zurück, die uns in einer Stunde wieder mit unfehlbarer Sicherheit in die Region der lieblich duftenden Gärten vor Pompeji brachten. Zwei Stunden später saß ich auf dem meerwärts gelegenen Balkon meines Neapler Zimmers. Gegen Mitternacht entschloss ich mich noch zu einem kleinen Bummel in die Via Roma. Neapel war noch in voller Bewegung, die Barbiere hatten noch alle geöffnet, in zahllosen Bars dampfte der caffè espresso, die lustrascarpe [86] machten mit ihren mannigfachen Bürsten, Fläschchen und Tüchern auch die schmutzigsten Schuhe wieder salonfähig, zwei Jazzbandkapellen brachten die Glasdecke der Galleria Umberto zum Zittern und verdächtige Zeitungs-

[86] Schuhputzer

verkäufer flüsterten einem in den drei gebräuchlichsten Sprachen das internationale Stichwort: ‚una bella raggaza' zu.

Dieser Tag meines italienischen Aufenthalts war der glücklichste meines Lebens. Ich fühlte mich, wie Agnes einmal wünschte, ‚ein zweites Mal zur Welt gebracht', befreit von allen kleinmütigen Vorblicken und Rückblicken, welche die Gegenwart um ihre voraussetzungslose, wahre Bedeutung bringen.

Hier endete Fialas Entwurf zu seinem letzten Brief aus Italien.

Der Weisheit letzter Schluss

Das Leben hatte ihn überzeugt, dass es im Grunde einfach wie die Wahrheit ist, das Einfache aber schwer ist – zumal für ‚denkende' Menschen. Das Denken konnte er zwar nicht lassen. Stets durchdachte er, was er erlebte, und sein Erleben war nie gedankenlos, aber auch nie erdacht, wie die Gedanken der puren Philosophie, von der er sich abwandte.

Nach seiner Rückkehr besuchte er seine Freunde in M.[87] Dichter Nebel lag in den Straßen des Städtchens, dessen verzwickte Giebelhäuser wie eine versteinerte Spitzfindigkeit wirkten. Die Menschen schienen alle mürrisch und freudlos ihren Geschäften nachzugehen. Der ‚Denker' saß noch wie vor Jahren an seinem Schreibtisch. Er hatte unterdessen sein zu Ende gedachtes System publiziert[88]. Fialas bester Freund[89] war nach Paris übersiedelt, um sich dort zum Sänger auszubilden. Ein lichter Punkt in dieser trüben Welt war für Fiala das Wiedersehen mit einer jungen Frau, welche kurz vor seiner An-

---

[87] Marburg

[88] Martin Heidegger publizierte *Sein und Zeit* 1927.

[89] Welcher Freund gemeint ist, bleibt unklar. Vermutlich ist es Walter Marseille.

kunft von der Geburt ihres ersten Kindes genesen war. Angesichts der Mutter und ihres kleinen Geschöpfes begriff Fiala, dass die Lebenswilligkeit des Einzelnen erst durch die Bereitschaft zur Fortpflanzung seines Geschlechts glaubwürdig wird. Fialas Hamletfrage: *to be or not to be* war verstummt. In seiner Freunde Gästebuch trug er den Wortlaut eines Gedichtes ein, auf das er im Lande der klassischen Denkschriften gestoßen war. Diese Inschrift gedenkt des stillen Flüchtlings Torquato Tasso[90] und des heiteren Weisen Filippo Neri[91]. Sie steht in Marmor an der uralten Eiche, der man auf halbem Wege von Tassos letzter Ruhestätte Sant' Onofrio[92] nach Acqua Paolina in Rom begegnet. Sie lautet übersetzt:

---

[90] Tasso, Torquato, 1544-1595, berühmter und von den Italienern geliebter Dichter. Er galt schon als Achtjähriger als Wunderkind, das unter schwierigen familiären Verhältnissen aufwuchs und später zahlreiche Schicksalsschläge hinnehmen musste; war zeitlebens ein Heimatloser, der unzählige Male den Wohnort wechseln musste oder wollte.

[91] Neri, Filippo, 1515-1595, war eine bedeutende Person der Gegenreformation, von der katholischen Kirche als Heiliger verehrt. Er widmete sich in Rom den obdachlosen und in Not geratenen Rom-Pilgern. Über sein Leben kursieren zahlreiche humoristische Anekdoten.

[92] Sant'Onofrio al Gianicolo, ein 1419 gegründetes Kloster im römischen Stadtteil Trastévere. Hier suchte Torquato Tasso Heilung seiner Geisteskrankheit. Er verstarb dort am 25. April 1595, einen Tag vor seiner Dichterkrönung.

Im Schatten dieser Eiche, nah dem ersehnten Lorbeer
Und dem Tode – saß Torquato Tasso
Und überdachte schweigend all sein Elend.
Hier spielte auch Filippo Neri
Kind unter Kindern
Fröhlich und weise.[93]

All'ombra di questa quercia
Torquato Tasso
Vicino ai sospirati allori e alla mort.
ripensava silenzioso
Le miserie sue tutte
e Filippo Neri
Tra liete grida si faceva
co' fanciulli fanciullo
sapientemente.

All'ombra di questa quercia
Torquato Tasso
Vicino ai sospirati allori e alla morte
Ripensava silenzioso
Le miserie sue tutte
e Flippo Neri
Tra liete grida si faceva
Co'fanciulli fanciullo
Sapientemente

[93] Der auf die Übersetzung folgende Text ist die Handschrift von Karl Löwith, zur besseren Lesbarkeit darunter ausgeschrieben.

Karl Löwiths Lebensdaten

insofern sie relevant sind für die Fiala-Erzählung

1897	geboren am 9.01. in München Vater: Wilhelm Löwith 1861-1932, Kunstmaler Mutter: Margarete Löwith, geb. Hauser, gest. 1942
1908	Tod der 16-jährigen Schwester
1913-1914	Freundschaft mit Ludwig Ludowici
1914	vorletzte Klasse des Realgymnasiums München
Okt. 1914	freiwillig zum Kriegsdienst gemeldet
Dez. 1914	Unteroffizier an der französischen Front, erster Suizidversuch
Mai 1915	Einsatz seines Regiments an der österreichisch-italienischen Grenze, schwere Verletzung durch gegnerischen Lungenschuss, von ihm selbst provoziert und sein zweiter Suizidversuch
Jan. 1916	Nach achtmonatigem Krankenlager verlegt in ein Kriegsgefangenenlager für Österreicher in Finalmarina bei Genua
1917	verlegt zunächst nach Volterra und anschließend nach Castel Trebbio bei Florenz in ein Lager mit Reichsdeutschen
Mai 1917	Nach zwei Jahren Haft Entlassung in die Heimat, dort im Juli 2017 vom Militärdienst entlassen
7. Nov. 1917	Max Webers Vortrag in München über Wissenschaft als Beruf, Karl Löwith und Percy Gothein nehmen teil.
1917-19	Studium der Philosophie und Biologie an der Universität München
1917-18	Freundschaft mit Percy Gothein
1918-23	Inflation in Deutschland

1919-22	Studium der Philosophie und Biologie an der Universität Freiburg bei Spemann, Husserl und Heidegger
1919-23	Heidegger ist Privatdozent und Assistent von Edmund Husserl an der Universität Freiburg
1919-73	im August 1919 Beginn des Briefwechsels zwischen Martin Heidegger und Karl Löwith, der im Mai 1973 endete. Er enthält 76 Nachrichten von Martin Heidegger und 48 von Karl Löwith.
1919	im Wintersemester erste Begegnung mit Charlotte Grosser, alias Agnes Schlegel
1920	Herbst bis März 1921 Betreuer eines Jungen in Baden-Baden.
1922	3. Suizidversuch, Frühjahr in Freiburg
Sept. 22	Manuskript seiner Dissertation über Nietzsche beendet, wird zusammen mit Freund Walter Marseille abgetippt.
30.09.22	Löwith erhält Einverständnis von Prof. Moritz Geiger, bei ihm in München zu promovieren.
08.03.23	Mündliche Prüfung durch Moritz Geiger und Clemens Baeumker.
21.05.23	bis Februar 1924 Hauslehrer-Stelle in Kogel (Mecklenburg)
01.10.23	Martin Heidegger wird Ordinarius in Marburg
Feb. 1924	bis Sept. 1924 lebt Löwith in Freiburg
06.09.24	Ankunft in Rom und Übernahme der Buchhändlerstelle Charlotte Grossers
Okt. 1924	Charlotte Grosser in Arosa
28.10.1924	Ausführliche Schilderung des von ihm besuchten Roms im Brief Nr. 62 an Heidegger
07.08.1925	Von Italien wieder zurück in München
Herbst 1926	*Fiala*- Manuskript abgeschlossen
1927	Publikation von Heideggers *Sein und Zeit*

16.02.1928	Heideggers Gutachten zu Löwiths Habilitationsschrift *Das Individuum in der Rolle des Mitmenschen*, publiziert 1928
1928-33	Privatdozent der Philosophie in Marburg
Juni 1928	Probevorlesung über: *Feuerbach und der Ausgang der klassischen deutschen Philosophie* und anschließend öffentliche Antrittsvorlesung über: *Jacob Burckhardts Stellung zu Hegels Geschichtsphilosophie* bei Anwesenheit seiner Eltern
09.09.1929	Heirat mit Adelheid Kremmer (1900-1989) in der evangelischen Kirche Berlin-Dahlem
Okt. 1932	Tod des Vaters, Wilhelm Löwith
01.05.1933	Heidegger wird Mitglied der NSDAP
1935	Entzug seines Lehrauftrages in Marburg
1935/36	Rockefeller-Stipendium in Rom
1936-1941	Lehrstuhl in Sendai, Japan
1941-1949	Theologisches Seminar, Hartford Connecticut, USA
1949-1952	New School for Social Research New York
1942	Tod der Mutter Margarete Löwith, geb. Hauser durch Suizid
1952-54	Ordinarius in Heidelberg
26.05.73	gestorben in Heidelberg und dort beerdigt

Nachwort

Von Klaus Hölzer

Im Anschluss an die Lektüre verschiedener Löwith-Texte entstand der Wunsch nach einer soliden Gesamtdarstellung über Karl Löwiths Leben und Werk, die aber auf dem Buchmarkt nicht zu finden war. Bei dieser Recherche stieß ich auf eine Frühschrift mit dem Titel *Fiala.* Auszüge daraus hatte Dominic Kaegi[94] 1997 publiziert, allerdings nur etwa 30 von 107 Seiten. Die Lektüre des gesamten Manuskripts im Deutschen Literaturarchiv in Marbach wirkte überaus anregend und rätselhaft, sodass ich beschloss, den Text komplett zu veröffentlichen und zu kommentieren. Allerdings war es verwunderlich, dass diese 1926 geschriebene Schrift lange im Verborgenen gebliebenen war.

Im Unterschied zu *Mein Leben in Deutschland vor und nach 1933* wurde *Fiala – Die Geschichte einer Versuchung* ohne finanzielle Interessen Karl Löwiths, aber mit seinem großen philosophischen und persönlichen Engagement geschrieben.

Als Autobiographie Löwiths wurde von verschiedenen Autoren immer wieder *Mein Leben in Deutschland vor und nach 1933 bez*eichnet, 2007 von Frank-Rutger Hausmann neu und gründlich editiert. Kein Zweifel, dass es sich um einen wichtigen Text zum Leben Löwiths handelt. Wer jedoch das Verständnis von Person und Denken Karl Löwiths vertiefen möchte, kommt um den *Fiala* nicht herum. Beide Texte ergänzen sich in vorteilhafter Weise, wobei zu überprüfen bleibt, was am *Fiala* Faktum und was Fiktion ist.

---

[94] Dominic Kaegi, Internationale Zeitschrift für Philosophie, Heft 1/1997

Löwith selbst spricht in Bezug auf diese beiden Schriften nicht von Autobiographien, sondern von seinem ersten und zweiten Lebensbericht. Diese Ausdrucksweise entspricht dem bescheidenen Naturell des Denkers. Man könnte sagen, dass der erste Lebensbericht Einblicke in sein Leben in Deutschland vor 1933 wiedergibt, während der zweite diese frühen Jahre nur in einer Skizze zusammenfasst und den Schwerpunkte auf die Darstellung seines Lebens nach dem Aufkommen des Nationalsozialismus setzt. Der erste zeigt ihn bereits als einen philosophisch und leidenschaftlich Denkenden, aber als jungen Menschen, der seine Position in der Welt und seine Identität erst noch sucht.

Der Autor verfasste den *Fiala* fast vier Jahre nach seiner tiefgründigen Dissertation über Nietzsche und war da bereits ein gründlich geschulter Philosoph. Das bedeutet, dass man den Titel *Fiala, die Geschichte einer Versuchung* Wort für Wort philosophisch bedenken muss. Es kann sein, dass er beim Namen Fiala an Verwandte gedacht hat, andrerseits war dieser Name in Tschechien sehr verbreitet. Genaues weiß man nicht.

Dagegen spielt der Geschichtsbegriff eine große Rolle in Löwiths Werk und bezieht sich in der Erzählung *Fiala* weitgehend auf seine persönliche Geschichte. Mit 13 Jahren dachte er erstmalig an Selbstmord, was ihn zum Philosophieren gebracht hat, wie er schreibt. *Geschichte einer Versuchung* meint sowohl die Geschichte seiner Selbstmord-Versuche, als auch allgemeiner Geschichte des Selbstmords, zu der Löwith im *Fiala* manche Autoren nennt: Dostojewski, Kierkegaard, Strindberg, den philosophische Solipsismus und schließlich den russischen Philosophen Solowjow, dessen Denken an Spinoza, Schopenhauer und Schelling anknüpft. Das „christliche Schreckgespenst von der ‚Sünde‘ des Selbstmordes“ gehört ebenfalls in diese geschichtliche Reihe.

Auch der Begriff Versuchung wird im Fiala mehrdeutig. Zum einen bezogen auf die Person Karl Löwiths, des ‚Antihelden‘ und ‚Flüchtlings‘ vor den Anforderungen des Lebens, den die Versuchung, aus dem Leben zu scheiden, mehrfach packt. Ob er die Freundschaft mit Percy Gothein, dem leidenschaftlichen Anhänger Stefan Georges als eine erotische Versuchung erlebte, ist nicht auszuschließen, aber Genaueres ist nicht bekannt. Versucht war Löwith auch durch die Möglichkeit, Schriftsteller statt Philosoph zu werden.

Zum anderen bezogen auf die geschichtliche Wandlung des Begriffs Versuchung, der von Augustin bis Luther den biblischen Deutungen folgt. Bei Schopenhauer wird die Säkularisierung des Begriffes sichtbar. Er interpretierte das ‚Führe mich nicht in Versuchung' des Vaterunsers als „Lass es mich nicht sehen, wer ich bin" (*Welt als Wille und Vorstellung,* 4, §65). In *Jenseits von Gut und Böse* bezeichnet Nietzsche den „Philosophen der Zukunft" als den Versucher, der „dem freien Geiste das gefährliche Vorrecht gibt, auf den Versuch hin zu leben."

Der Leser könnte sich fragen, wen Löwith mit seinem ersten Lebensbericht, dem *Fiala,* in dem er die Namen seiner Bezugspersonen geändert hat, eigentlich ansprechen will. Vermutlich schrieb er nur für sich selbst, eventuell mit der geheimen Absicht, ihn gelegentlich einem guten Freund zu zeigen. Die Frage bleibt offen, warum er die Namen seiner nahen Bezugspersonen, seiner Freunde und Lehrer verändert hat.

Beim erstmaligen Lesen des *Fiala* entstand der Eindruck, Löwith wollte sich als Literat ausprobieren und habe in dieser Absicht eine Erzählung verfasst. Ein zweites Lesen ließ eine bestimmte Form erkennen. Neben erzählerischen Passagen und Lyrik steht ein langer Briefwechsel an *Agnes Schlegel*, ergänzt um Tagebuchauszüge. Das Ganze endet mit einem Gedicht, das Torquato Tasso und den heiteren Weisen Fillipo Neri besingt.

Diese Form lässt daran denken – zumindest ist es nicht auszuschließen – dass Löwith bei der Konzeption des *Fiala* Friedrich Schlegel und seine *Lucinde* vor Augen hatte. Statt einer durchgängigen und in sich geschlossenen Handlung bevorzugt Schlegel wie Löwith die offene Romanform. Wie

Friedrich Schlegel in seiner Poetik darlegt, ist jeder gute Roman „ein mehr oder minder verhülltes Selbstbekenntnis des Verfassers, der Ertrag seiner Erfahrung, die Quintessenz seiner Eigentümlichkeit" (Kritische Friedrich-Schlegel-Ausgabe, Bd. 2, S. 337, 1967), eine Aussage, an der sich Karl Löwith orientiert haben könnte. Dass Löwith seine Briefpartnerin Agnes Schlegel nennt und sie Altphilologie studieren lässt, verstärkt den Eindruck, dass er Friedrich Schlegels Poetik-Theorie in seinen Fiala einfließen ließ.

Mit der Zeit und nach wiederholtem Lesen wuchs die Überzeugung, dass Löwiths erzählerisches Talent zwar nicht zu übersehen ist, dass aber die Selbsterforschung und die Suche nach der eigenen Identität für ihn im Vordergrund gestanden haben dürften. In Bezug auf Darstellungen der eigenen Identität ermahnt allerdings der Psychotherapeut und Psychosomatiker Gerhard Danzer zur Vorsicht. Nach ihm sollen Autobiographien ebenso wie Biographien stets mit einem Schuss Skepsis gelesen werden. (Danzer, 2017, S. 111)

Jedenfalls ist Löwiths schriftstellerisches Talent eindrücklich. Dazu gibt es Aussagen von Hans-Georg Gadamer. Er schreibt in *Philosophische Lehrjahre*:

> „Auch zeigte es sich, dass er nicht nur ein vorzüglicher Schriftsteller war, sondern auf seine Weise und auf höchstem Stilniveau ein sehr wirksamer Lehrer." (S. 44). Und zwei Seiten weiter: „Wir waren gute Kameraden miteinander, so verschieden auch jeder von uns war. Löwiths brillante Stilgebung, seine Kunst, Originalzitate in den meditativen Gang seiner Vorlesung so einzuflechten, dass sie wie eine Verstärkung seiner eigenen Stimme wirkten, die Sicherheit seines Auftretens, die Unbeweglichkeit seines Gesichts, sein Sarkasmus und seine manchmal kaum hörbare Ironie zogen viele Hörer an…"

Leo Spitzer, ein Romanist und Bekannter Löwiths aus Marburger Tagen, selbst ein vorzüglicher Stilist, äußerte sich ebenfalls anerkennend zu Löwiths Stil:

> „In Ihrem *Heidegger* (gemeint ist das Heidegger-Porträit in *Mein Leben in Deutschland.*, KH) finde ich den Dichterdeuter am Werk – da sehen Sie feiner und lapidarer als wohl irgendjemand heute, da sind Sie Künstler und Denker in schönem Verein." (Zitiert nach Hausmann, F. R. in: *Zur Neuausgabe von Karl Löwiths Exilbericht...*S. 89)

Man kann vermuten, dass Löwith tatsächlich den Beruf des Schriftstellers erwogen hat, wie noch zu zeigen ist. Im September 1922 hatte Löwith seine Dissertationsschrift *Auslegung von Nietzsches Selbst-Interpretation und von Nietzsches Interpretationen* beendet. Die Promotion erfolgte im März 1923 bei Moritz Geiger in München. Laut Manuskript hat er den *Fiala* im Herbst 1926 beendet, und als Beginn dieser Schrift käme der Herbst 1925 infrage, nachdem er seine Italien-Reise beendet hatte. Vermutlich hat er in diesen zwölf Monaten eine Bilanz seiner ersten 28 Lebensjahre gezogen, um für seinen nächsten Entwicklungsschritt – Habilitation und Dozentur – gerüstet zu sein. Übrigens hat der erst 2017 veröffentliche Briefwechsel Heidegger-Löwith entschieden zum Verständnis des *Fiala* beigetragen.

Der erste Teil des *Fiala* ist von Suizidgedanken und Suizidversuchen getrübt. Gerade am Thema Selbstmord lässt sich verdeutlichen, was sowohl Heidegger als auch Löwith darunter verstehen, aus dem eigenen Leben, der eigenen Betroffenheit heraus zu philosophieren. Für das Verständnis seines Lebensüberdrusses bietet Löwith zwei Erklärungen an: eine gescheiterte Freundschaft und ein konfliktreiches Verhältnis zum Vater, der für die philosophischen Neigungen des Sohnes kein Verständnis hatte. Wilhelm Löwith, ein erfolgreicher Kunstmaler in München, fand für seine kleinen Gemälde römischer Kardinäle im Kachelformat rege Abnehmer, was ihm zeitweise einen gehobenen Lebensstandard ermöglichte. Doch die Jahre nach dem Ersten Weltkrieg mit schwindelerregenden Inflationsraten waren auch für das gehobene Bürgertum finanziell katastrophale Jahre.

So wundert es nicht, dass der Vater über die philosophischen Ambitionen seines Sohnes Karl nicht nur nicht begeistert war, sondern ihn mit seiner Forderung, einen „ordentlichen" Beruf, wie etwa den eines Juristen zu ergreifen, zur Verzweiflung trieb. In seiner Familie fühlte sich Karl nicht zuhause und nicht verstanden. Kein Wunder, dass er sich nach Freunden sehnte und dass Freundschaft ein wichtiges Thema in seinem Leben wurde. Das belegt ein Brief an Martin Heidegger vom 17.08.1932, in dem er schreibt: „Das Verhältnis zu Menschen – genauer *Freundschaften* – ist für mich von jeher der andre Pfahl im Fleisch – die Philosophie der eine."

Im zweiten Lebensbericht widmet er den Freunden das Kapitel: *Meine Freunde aus der Freiburger Studienzeit.* Mit Afra Geiger und Walter Marseille korrespondierte er noch in den 40er Jahren. Im Fiala tauchen fünf Freunde auf: Der Maler Ludwig Ludowici, der Musikwissenschaftler Heinrich Besseler, der spätere Philosoph und Psychoanalytiker Walter Marseille und Charlotte Grosser, Studentin der klassischen Philologie und Archäologie. Die beiden Letztgenannten gewinnen im *Fiala* eine besondere Bedeutung.

In den Jahren vor und nach dem Ersten Weltkrieg entwickelten sich in USA und Europa Kino, Funk und Musikspeicherung auf Schallplatten, Revuetanz und Sport-Wettkämpfe für die Massen, Veranstaltungen, denen nur wenige Gleichaltrige Löwiths widerstanden. Man versteht, dass es schwer für ihn wurde, Gleichgesinnte zu finden, die seine exklusiven philosophischen und literarischen Interessen teilten und mit ihm zusammen den *Zarathustra* und andere philosophische Texte lesen wollten.

1917, nach Entlassung des in Italien Schwerverwundeten, fing Löwith gegen den Widerstand des Vaters an, Biologie und Philosophie zu studieren. Aber die Disharmonie im Elternhaus trieb ihn bald zum Weiterstudium nach Freiburg, wo er auf den dreißigjährigen, für seine philosophische Bildung wesentlichen Lehrer Martin Heidegger traf.

Löwiths Brief an Heidegger vom 29.11.1920 offenbart große Selbstzweifel, ob er denn fähig sei, die Menge an wissenschaftlicher Philosophie, die das Studium ihm abverlangt, zu bewältigen. Um sich zu erfrischen, suche er die *Ideenfülle von Nietzsche und Kierkegaard*, die im Gegensatz stünde zu dem *öden Auswalzen eines in sich schon verflucht dünnen Breis* im Universitätsbetrieb. Er wünscht sich ein intellektuelles Gewissen, das ihm erlaubt, *in aphoristisch-konzentrierter Romantikerart* zu philosophieren und die geistige Energie mehr den persönlichen Problemen zugutekommen zu lassen als der wissenschaftlichen Literatur:

> Man muss heute so viel opfern, …um gelten zu können und angehört zu werden. Wie wohl, denn das andre, was ich im Auge habe, letztlich ganz und gar auf originärer, originaler und persönlich stark gefärbter Produktivität ruht und nur daraus ich das Recht nehmen kann, über die Köpfe der philosophischen Wissenschaftler hinweg zu philosophieren. Man rückt damit eng an die Grenze der künstlerischen Existenz. Fühlt man sich dazu nicht stark genug, so bleibt einem fast nur der andere Weg übrig, man ist eher durch solche Zwiespältigkeit von vornherein schlimm belastet und voller Hemmungen. Es bietet einem aber die Möglichkeit, schon Gediegenes zu schaffen, ohne einzig und allein auf die Gabe genialer Ideenfülle zu basieren, dort kommt die restlose oder gar begeisterte Hingabe an die philosophische Wissenschaft nicht mehr auf. (Briefwechsel H/L. S. 27, Brief vom 29.11.1920)

Löwith fragt sich, hat er wie Max Weber die Kraft, das vorliegende philosophisch-wissenschaftliche Material zu verdauen, oder bleibt ihm nur, daran kaputt zu gehen oder *wie an einer schweren Last zu schleppen*. Oder soll er sich mit der Rolle eines philosophischen Literaten zufrieden geben? Schließlich hat er sich doch für den Philosophenberuf entschieden. So schreibt er am 6.8.1923 an Heidegger:

> Nur das Eine lässt sich sagen: während mir früher der Gedanke an *Wissenschaft als Beruf*[95] höchst problematisch für mich war, weil ich mir selbst darin zu problematisch vorkam, glaube ich heute doch, in dieser Problematik meine Existenz auswirken zu können.

Seine aktuellen Sorgen führt er nicht alleine auf das Philosophiestudium zurück:

> Ich habe noch kein Semester erlebt, in dem ich nicht alle paar Wochen Lust bekam, den ganzen Kram über Bord zu werfen. Nicht nur aus solch oppositionellen Motiven, sondern ebenso stark aus positiven persönlichen Bedrängnissen, die es mir immer wieder notwendig machen, „mich einzuholen in Selbstreflexion." (Brief KL an MH vom 29.11.1920, S. 28)

Bei so vielen Zweifeln gegenüber der wissenschaftlichen Tätigkeit kann er es nur schwer verantworten, Philosophie zum Beruf zu machen. Auf derselben Seite setzt er fort:

> Eine Welt trennt einen von den literarischen Prophetchen, eine nicht minder große Kluft von den wissenschaftlich-philosophischen Taglöhnern und Bändeschreibern. Oft reut mich nach einem Tag schon fast jeder Satz, den ich mir notiere, …und ich flüchte dann zur brieflichen Mitteilung wesentlicher Dinge – in Briefen an meine Freunde.

Das Gesagte entsprang wohl keiner momentanen Stimmung, wie er Heidegger gegenüber bekräftigt, denn allzu oft und hef-

---

[95] Titel eines Vortrages von Max Weber, gehalten in München am 7. 11. 1917, den Löwith gehört hat. Darin stellt Weber die Gelehrtenkarriere als überaus problematisch dar, zumal für Kandidaten ohne solide finanzielle Mittel.

tig drängten sich ihm solche aus Schwäche und Ehrlichkeit entspringende Reflexionen auf.

Sich einholen in Selbstreflexion, das dürfte das durchgängige Motiv des *Fiala* sein. Doch schon vor den Problemen mit dem Philosophiestudium gab es bei dem 17-jährigen Löwith Suizid-Absichten, die ihn dazu trieben, freiwillig den Militärdienst anzutreten. Während sein Bericht in einer Münchner Schülerzeitung[96] patriotische Klänge enthält, nennt er im Fiala ganz andere Motive. Um seinen stolzen und national gesinnten Vater zu beeindrucken, wollte er den Tod auf dem Kriegsschauplatz finden. Der erste Suizidversuch scheiterte kläglich, der zweite, eine tollkühne Attacke im Feindgebiet, führte zu einer lebensgefährlichen Verletzung und einer zweijährigen Inhaftierung in Italien. Sein dritter Selbstmordversuch, den er entschlossen geplant hatte, wurde von einem guten Freund[97] vereitelt. Wann das war, hält Löwith im *Fiala* fest:

> Das unvergessliche Datum, an dem in Fialas Leben der Grund- und Eckstein seines ganzen weiteren Lebens gelegt wurde, fiel in das zehnte Semester seines Studiums, kurz vor Beendigung seiner Doktorarbeit.

Dieser bisher unveröffentlichten Dissertation ist zu entnehmen, dass ihre Niederschrift im September 1922 beendet war und die mündliche Prüfung am 8. März 1923 in München bei Moritz Geiger erfolgte. Zu dieser Zeit lebte er wieder im Hause seiner Eltern in München in der Rosenstr. 6/3. Da er aber im *Fiala* als Ort „die kleine Universitätsstadt mit einer einzigen Trambahnlinie", also Freiburg, angibt, dürfte diese schicksalhafte Nacht Anfang 1922 in Freiburg gewesen sein.

Aus München, und offenbar mit einigem Abstand, schreibt Löwith am 20.11.1922 an Heidegger:

---

[96] siehe FAZ vom 22.02.2007, S. 34 (zitiert in: Hausmann, Zur Neuausgabe...

[97] Walter Marseille

> Mein Leben „richtet sich“ hier sehr wenig „ein“ – alles, was vor sich geht, ist dazu angetan, einen aus München weg zu ekeln. Oft muss ich mich fragen, ob ich überhaupt genug Lebensstärke habe, in dieser zerreibenden Situation von heute durchzukommen. Viel Kraft verpufft fruchtlos im stillen und lauten Kampf mit dem „Zuhause“ – einem Komplex engstirniger, engherziger, bürgerlicher Verhärtung.“ Und weiter auf Seite 7: „So bin ich in eine ziemliche Hast-Ungeduld geraten, durch die Reibereien zuhause etc. zappelig und explosiv geladen. Aber alles Mögliche ist in mir durch „Selbst-Destruktion“ in Fluss gekommen und in lichten Augenblicken hab ich doch Mut und Hoffnung durch all das hindurchzukommen, was Nietzsche mit „Nihilismus“ und „Modernität“ bezeichnet.

Dass Deutschland zwischen 1919 und 1923 eine mit Massenarbeitslosigkeit verbundene radikale Geldentwertung überstehen musste, wird ein anderer Teil von Löwiths und seines Vaters Nöten gewesen sein.

Der Freund, der Löwith vom Suizid zurückhielt, dürfte sein Freund Walter Marseille[98] gewesen sein, zu dem er seit seinen Studienjahren in München eine freundschaftliche und kontinuierliche Beziehung hatte. In einem Brief Löwiths an Heidegger vom 17.8.1924 mit Bezug auf die Freundschaft zu Walter Marseille heißt es:

> – es ging diesmal um ganz andres – oder: ganz anders, um das gleiche mit dem großen Unterschied, dass Marseille und ich darin selbst zustanden, einen Weg zu Ende gehen müssten, der uns erst eigentlich zusammenbrachte; niemand habe ich so viel zu verdanken wie ihm, aber es war ein qualvoller Kampf für uns beide.

---

[98] Walter Marseille, deutscher Philosoph und Psychoanalytiker, geboren am 25.05.1901 in Düsseldorf, gestorben am 28.07.1973 in München.

Löwith hat seine Habilitation Walter Marseille gewidmet. Später hat er sich fürsorglich um den Freund gekümmert und ihm dabei geholfen, 1926 bei Martin Heidegger in Marburg zu promovieren. Marseille interessierte sich sehr für Graphologie und hatte Kontakte zu Ludwig Klages, dem Autor von *Handschrift und Charakter*, 1917. Der Titel von Marseilles Dissertationsschrift lautet: *Beiträge zur Untersuchung der dem graphologischen System von J. H. Michon*[99] *und L. Klages*[100] *zugrunde liegenden Begrifflichkeit*.

Löwith ließ einmal auch Heideggers Handschrift mit dessen Einverständnis begutachten. Der Kommentar des Beschenkten am 17.12.1920: „Die graphologische Sache ist in manchem ausgezeichnet, in anderem zwar nicht direkt schief, aber doch zu allgemein."

In dieser dramatischen Nacht in Freiburg, in einem langen Gespräch zwischen Marseille und seinem Freund – so liest man im *Fiala* – dürfte Löwith sein Nein zum Leben, wie er es aus seinem Charakter heraus entwickelt hatte und durch seine Schopenhauer-Lektüre bestätigen ließ, in ein Ja zum Leben umgewandelt haben. Dabei werden ihm die Lehren seines geschätzten Lehrers Friedrich Nietzsche geholfen haben.

Seine des Öfteren geäußerten Selbstzweifel sind wohl nicht über Nacht verschwunden. Die Selbstcharakterisierung zu Beginn des Agnes-Kapitels im *Fiala* weist darauf hin:

> Hinter solchen Erscheinungen eines Mangels an seelischer Dichtigkeit und Stärke (von Agnes, KH) witterte der weiche Kern seiner nur nach außen hin widerstandsfähigen Schale eine Wahlverwandtschaft in der *Idee* seines eignen fragwürdigen Daseins.

---

99 Jean Hippolyte Michon, 1806-1881, französischer Geistlicher und Archäologe, gilt als Vorläufer der Graphologie.

100 Ludwig Klages, deutscher Philosoph und Ausdruckspsychologe, 1872-1956.

Das Thema Selbstmord wird im *Fiala* mehrfach philosophisch diskutiert. Darüber hinaus auch im ersten Band seiner gesammelten Werke *Mensch und Menschenwelt.* Der Essay von 1962 heißt: *Töten, Mord und Selbstmord* und der zweite von 1969: *Die Freiheit zum Tode*. Im ersten wird Spinoza zitiert:

> Der freie Mensch denkt an nichts weniger als an den Tod; und seine Weisheit ist nicht ein Nachsinnen über den Tod, sondern ein Nachsinnen über das Leben.

Im zweiten kommt David Hume zu Wort, der wenige Tage vor seinem Lebensende in einem Brief an die Comtesse de Boufflers[101] schreibt:

> Meine Krankheit, die mich seit 2 Jahren untergräbt, hat in den letzten 6 Monaten rasche Fortschritte gemacht und beschleunigt sichtlich mein bevorstehendes Ende. Ich sehe dem Tod ohne jede Angst oder Bedauern Schritt für Schritt näher kommen. Ich grüße Sie zum letzten Mal mit großer Zuneigung und Hochschätzung. Ihr David Hume.

Für Löwith liegt demnach der Suizid in der freien Entscheidung des Individuums. Man kann seine Entscheidung, sich nach seinen selbstmörderischen Quälereien nun mehr um das Leben als um den Tod zu kümmern, nachvollziehen. Und wenn sich der Tod ihm eines Tages aufdrängen würde, wolle er ihm mit Gelassenheit entgegensehen. Seine geänderte Einstellung zum Leben spricht er auch im *Fiala* aus:

> Wer sich selbst total verleidet ist, der kann nur eines tun: sich allem öffnen, was a u ß e r ihm ist, d.h. in erster Linie der Natur und seinen Mitmenschen. ‚Trostlos‘ ist der Mensch erst dann, wenn er so schwach ist, dass er sich auch nicht mehr am Dasein von etwas *anderem* freuen

[101] Comtesse de Boufflers, 1725-1800, französische Schriftstellerin, hatte Kontakte außer zu David Hume zu Diderot, Grimm, Rousseau und Beaumarchais u.a.

> kann… Aber der Selbstmörder beginnt ja damit, dass er sich von der Welt verschließt und sich auf sich selbst stellt. Es gehört aber zum Sinn des menschlichen Lebens, in einer Welt von Seinesgleichen zu sein. Dadurch allein hat das Leben Sinn und bekommt es Sinn.

Wenige Jahre später bekommt der Begriff Mitmensch in seiner Habilitationsschrift eine zentrale Bedeutung und wird Teil des Titels: *Das Individuum in der Rolle des Mitmenschen.*

In einer weiteren freundschaftlichen Beziehung Fialas spielt der Selbstmord eine wichtige Rolle, und zwar in seiner Briefbeziehung zu der Studentin Agnes Schlegel. 36 Seiten des 107 Seiten langen Fiala-Manuskripts umfassen diesen Briefwechsel und unterstreichen die Bedeutung, die beide Briefeschreiber ihm beimessen.

Fiala hatte Agnes Schlegel, Studentin der klassischen Philologie und Archäologie in einer Vorlesung Ansorges (also Heideggers) getroffen. Ihr Wesen zu verstehen, fiel ihm entschieden schwerer als das Begreifen philosophischer Texte. Etwas Neues und noch nie Erfahrenes, schreibt er, sei in sein Leben getreten. Offenbar war es sein Bestreben, dieses Unbekannte, die Emotionalität sowohl der jungen Frau als auch seine eigene, zu verstehen. Die Voraussetzungen dazu waren nicht schlecht, da beide von Beginn an die Möglichkeit von Erotik ausgeschlossen hatten.

Als Medium ihres Gedankenaustausches wählten sie die Briefform, die beider Scheu vor der Wirklichkeit einer Beziehung entgegen kam. Der Eros von Agnes war auf die Schönheit von Frauen ausgerichtet, und sein Sinn für das andere Geschlecht war noch nicht erwacht.

Beschämt muss Fiala feststellen, dass sein philosophisches Verständnis nicht dabei hilft, das Wesen von Agnes zu erfühlen. Zwar wähnt er sich im Gespräch mit ihr als Überlegener, aber in der Korrespondenz übertrifft sie ihn an Umfang und Lebendigkeit der Schriftzüge, an innerer Weite und menschlicher Reife um ein Vielfaches.

Weil er gewohnt war, im Aussehen eines Menschen gleich nach dessen existenzieller Situation zu forschen, kam es bei ihm leicht zu Missverständnissen. Im Verhältnis zu seinen Freunden entstanden daraus ständig „Existenzprobleme“, die in Wirklich nur auf eine triviale Magenverstimmung seines Gegenübers zurückzuführen waren.

Was Fiala anzog, war ein geheimnisvolles Leiden, das Agnes ausstrahlte und eine gewisse seelische Zartheit, in der er eine Wahlverwandtschaft mit seinem eigenen unsicheren Leben erkannte. Er schätzte an Agnes ihre außergewöhnliche Empfindsamkeit, die mit psychologischem Scharfblick verbunden war. Gleichwohl überwog in ihr ein Leben in Gefühlen, das sie sich später mit den Worten der Bibel zu deuten versuchte.

Nach seiner Meinung ist Agnes eine geborene Briefeschreiberin, bei der sich das Bedürfnis nach Mitteilung mit Resignation verbindet. Eigentlich seien ihre Briefe – seine und ihre – nur Selbstgespräche. Fiala gesteht, dass sich sein Verhältnis zu Agnes nur in Briefen abgespielt hat und demnach eine Form von Literatur ist. Charakteristisch sei, dass Agnes einmal gewählte Formulierungen ohne Bedenken widerrufen könne, während Fiala mit Zähigkeit an den Leitgedanken seiner Briefe festhält, eine Eigenschaft, die – wie er ironisch hinzufügt – das Kennzeichen aller Systematiker sei. Einen Gedanken „zu Tode reiten“ hält er für unwürdig, womit bereits eine Kritik an Martin Heideggers Philosophie anklingt.

In ihren Briefen an Fiala äußert Agnes eine ‚Idee‘, die Fiala erschreckt, aber nicht überrascht; denn ihr Gedanke an einen ‚radikalen Ausweg‘ (aus dem Leben) ist ihm vertraut. Sie berichtet ferner über eigene Erkrankungen und über die Begegnung mit einer schönen Frau. Sie schildert Fiala, wie sie ihn erlebt und dass sie ihn, der ihr wie ein geistig-seelischer Fötus erscheint, noch einmal zur Welt bringen müsse.

Fiala hatte ihr Kierkegaards Buch *Entweder-Oder* geschickt, das sie mit Begeisterung gelesen hat, denn sie findet darin zahlreiche Übereinstimmungen mit sich selbst. In Kierkegaards Beziehung zum Leiden glaubt sie, etwas Verwandtes wahrgenommen zu haben.

Im nächsten Brief spricht sie von dem merkwürdigen Wunsch, das eigene Leben, insbesondere ihre eigenen Gefühle, an einen reichen Amerikaner oder Japaner zu verkaufen. Diese Leute hätten zwar schon etwas von Gefühlen wie Langeweile und Entzücken gehört, könnten sich aber nicht vorstellen, wie sie sich anfühlten. Sie erwartet nichts mehr von ihrem Leben und ist bereit, es billig herzugeben.

Es kommt zu einer Unterbrechung des Briefwechsels mit Fiala, da Agnes durch die Lebensverhältnisse gezwungen wird, das Studium aufzugeben und Geld zu verdienen. Doch die aufgenommene Tätigkeit als Sekretärin ändert nichts an ihrem Lebensüberdruss und ihrer Leidensbereitschaft. Sie findet Trost im Paulus-Wort, dass Gott niemanden über seine Kräfte prüfe.

Im weiteren Verlauf ihrer Korrespondenz wird es Fiala klar, dass die Lebensplanung seiner Briefpartnerin, die in vielen Punkten nicht die seine ist, einer Entscheidung zusteuert. Sie hat sich für das Christentum und gegen andere Weltinterpretationen entschieden. Fiala nimmt ihre Lebenswende zum Anlass, über Suizid und Verzweiflung, die er für eine fundamentale Krankheit des Menschen hält, zu philosophieren.

Er präsentiert dem Leser einen längeren Auszug aus seinem philosophischen Tagebuch und bedenkt die überraschende Paradoxie, dass der Mensch zwar da sei, ohne es uneingeschränkt zu wollen. Auf der Höhe seiner Existenz sei er nur in zwei Situationen, und zwar wenn er sich für den Suizid entscheidet oder wenn er sich uneingeschränkt zu seinem Leben bekennt. Doch diese Entschlossenheit für das Leben würden die Wenigsten aufbringen. Das ist ihr Schwachpunkt, denn alles, was sie tun, wirkt unglaubwürdig. Sie glauben nicht fest an das Leben und dokumentieren damit, das Leben nicht zu wollen.

Agnes Schlegels Rückzug hielt aber nicht lange vor. Bald fing sie wieder an, Briefe zu schreiben. Neue Lebensimpulse erhielt sie offenbar von einem „gelehrten Kirchenmann" – wohl Karl Barth – dessen Interpretation der Bergpredigt sie gehört hatte und den sie bewundert. Aber auch diese Impulse schwinden bald. Wieder belebt sie ihren Wunsch, die Welt zu verlassen. Und noch einmal bäumt sich das Leben in ihr auf, wenn sie Fiala fragt, was es nütze, das Kreuz zu küssen, wenn sie im nächsten Moment mit derselben Leidenschaft den verzweifelt geliebten Mann in den Armen halten möchte. Hier drängt sich dem Leser die Frage auf, wer wohl der ersehnte Mann gewesen sein könnte. War es Löwith, oder war es der Kirchenmann Karl Barth?

Was Agnes vom Verlassen der Welt zurückhält, ist das fünfte Gebot, das auch für den eigenen Leib Gültigkeit habe. Sie ist verunsichert und findet nur noch Halt in Jesus. Das Verhältnis der beiden Korrespondenten löst sich unmerklich auf und endet mit einem kleinen Wunsch von Agnes, er möge ihr von seiner nächsten Rom-Reise einige Heiligenbildchen mitbringen, die sie für den Religionsunterricht gebrauchen kann, auf den sie sich vorbereiten wollte.

Wer Agnes Schlegel war, bleibt unklar, aber es gibt solide Hinweis für die Vermutung, wer von Löwiths Freunden sich hinter Agnes Schlegel verbirgt. Es dürfte Charlotte Grosser gewesen sein. Im Heidegger-Löwith-Briefwechsel taucht ihr Name mehrmals auf. Hinter dem „gelehrten Mann", mit dem Agnes über „theologische Streitfragen" korrespondierte, scheint Karl Barth[102] zu stecken. Und seine Frau, „ein rührendes Wesen, direkt aus Gottfried Keller entstiegen", müsste seine Frau Nelly Hoffmann[103] gewesen sein. Bilder von beiden Personen decken sich mit ihrer Beschreibung im *Fiala.*

---

[102] Karl Barth, 1886-1968, Schweizer, evangelisch-reformierter Theologe

[103] Nelly Hoffmann, 1893-1911, hatte mit Karl Barth fünf Kinder

Das Barth-Archiv in Basel besitzt fünf Briefe von Charlotte Grosser an Barth. Der Inhalt legt nahe, dass sie ohne großen Erfolg versucht hat, sich ihm als Assistentin anzudienen.

Die aussagekräftigste Passage zu der Frage, wer Charlotte Grosser war und wie sie zu Löwith stand, enthält sein langer Brief aus Rom an Heidegger vom 28.10.1924. Löwith hatte eine Stelle in einem römischen Buchladen übernommen, den ihm Charlotte Grosser vermittelt hatte. Als er diesen Brief schrieb, war er schon zwei Monate in Rom:

> Dieses Bekenntnis, welches ganz nüchtern gemeint ist und keine geheimnisvollen Andeutungen verbergen will! – wäre ein halbes, wenn ich Ihnen nicht auch erzählen würde, dass auf meine Verfassung ein anderes Leben nicht ohne Einfluss ist. Charlotte Grosser. Und keine Wahrheit ist überzeugender, als die, welche einem in dem wirklichen Leben eines Menschen entgegentritt. Wer von ihrem äußeren Schicksal erfährt, wird sie bedauern – sie wurde hier sehr krank und ist nun in Arosa – gefasst auf alles, gleich bereit zum Leben wie zum Sterben und immer froh und gütig und bereit für andere. Sie selbst bedauert sich nicht und möchte es auch nicht von vielen anderen; und ich wüsste niemand unter meinen Freunden, um den ich so unbesorgt bin wie um sie. Denn sie ging bis an die Grenze und kam dort auf den Weg. Ich hatte im Sommersemester mir schon öfters vorgenommen, Ihnen von ihr zu erzählen – brachte es dann aber doch nicht über mich. Ich glaube, es nun tun zu dürfen. Im Eigentlichen haben sicher Sie Charlotte Grosser und Charlotte Grosser Sie von vornherein „verstanden".

Dass Charlotte von Rom nach Arosa ging, lässt vermuten dass sie an Tuberkulose litt. Um 1924 schickte man Tbc-Patienten zur Heilung ins Hochgebirge, denn wirksame Medikamente gab es noch nicht. Inwiefern ihre im *Fiala* geschilderten Symptome – Mattigkeit und Niedergeschlagenheit – auf diese Lungenkrankheit schließen lassen, hätte eine Differenzialdiagnose der Depression, ausgeführt von ihren Ärzten, ergeben können.

Auch Löwiths geschätzter Lehrer Nietzsche hat über den Selbstmord nachgedacht. In der *Götzen-Dämmerung* (1888) heißt es:

> Wir haben es nicht in der Hand zu verhindern, geboren zu werden: aber wir können diesen Fehler – denn bisweilen ist es ein Fehler – wieder gutmachen. Wenn man sich abschafft, tut man die achtungswürdigste Sache, die es gibt: Man verdient beinahe damit, zu leben.

Was Friedrich Nietzsche für Löwith bedeutet hat, zeigt der Brief vom 20.11.1922 an Martin Heidegger (S.71):

> Ich bin etwas neugierig, was Sie zum Schluss meiner Arbeit sagen werden (gemeint ist die bis heute unveröffentlichte Dissertation von 1923 über Nietzsche, KH). Soweit ich es heute ohne bloß intellektuellen Schwindel kann, habe ich begrifflich konzentriert und gesagt, was ich verantworten kann. *Für mich* ist Nietzsche anders aber doch ähnlich „prinzipiell" – Ausgang – Ansatz usf. wie für Sie Aristoteles.

Der Universitätsphilosophie wirft Löwith in dieser Dissertationsschrift vor, dass sie bis auf wenige Ausnahmen keinen Anlass sähe, sich mit Nietzsche auseinander zu setzen. Er sei von ihr unter der Rubrik der „Dichterphilosophen unschädlich untergebracht" worden. Und weiter:

> Auf der anderen Seite haben sich ...die Instinktuellen, die Verächter der Wissenschaft, die Halben aller Art Nietzsches bemächtigt; deren Verständnis beginnt und endet mit Zarathustra. Fachwissenschaftler wie Literaten – beide machen es einem heute schwer, an eine Erfassung Nietzsches zu glauben, welche wissenschaftlich ist, ohne banausisch zu sein.

Die nationalsozialistischen Verbrechen änderten Löwiths Nietzsche-Einstellung grundlegend, wie seinem zweiten Lebensbericht zu entnehmen ist:

> Nietzsche ist und bleibt ein Kompendium der deutschen Widervernunft oder des deutschen Geistes. Ein Abgrund trennt ihn von seinen gewissenlosen Verkündern, und doch hat er ihnen den Weg bereitet, den er selbst nicht ging…Er ist wie Luther ein spezifisch deutsches Ereignis, radikal und verhängnisvoll. (K. Löwith, Mein Leben in Deutschland vor und nach... S. 7-8)

Der Lehrer, den Löwith im Verlauf vieler Jahre persönlich und sehr privat kennengelernt hat, war Martin Heidegger. Die beiden verstanden sich gut und standen lange in einem freundschaftlichen Verhältnis. Sie fuhren zusammen Ski, besorgten und empfahlen sich gegenseitig Bücher – Heidegger schlug Löwith z. B. vor, Diltheys Jugendgeschichte Hegels zu lesen. Oder man verbrachte gemeinsame Tage auf Heideggers Hütte in Todtnauberg. Am 17.12.1920 erhält Karl Löwith eine Einladung, den Heiligen Abend mit den Heideggers zu verbringen. Später erhält Heidegger die Einladung, ein paar Tage bei den Löwiths in München zu wohnen, wo er vom Vater Wilhelm Löwith porträtiert wurde. Heidegger, damals Dozent und Assistent des Ordinarius Edmund Husserl, verstand sich zu dieser Zeit in Freiburg als Lehrer der Lebensgestaltung, der zu diesem Zweck eine kleine Gruppe talentierter Studenten um sich scharte. Am 23.03.1920 schrieb er an Löwith:

> Wir treiben ja nicht Philosophie um Kenntnisse und Sätze zu hamstern, sondern das Leben zu gestalten. Ich möchte wünschen, dass dieser Sommer recht lebendig wird und dass unser Kreis bei aller Freiheit und Selbständigkeit der Meinungen, Überzeugungen und Interessen eine wirkliche Zelle darstellt, von der aus das Universitäts- und Geistesleben eine stetige und echte Erneuerung

> erfährt. Die Welt fängt im Menschen an, gerade deshalb, weil sie nicht seine *Vorstellung* ist.

Und sieben Monate später am 09.10.1920 greift Heidegger das Thema erneut auf:

> Ich freue mich auf diesen Winter und hoffe vor allem, dass es gelingt, geistig einen Kreis zusammenzubringen, der einen einheitlichen Stil und Charakter hat – ich meine nicht zum Philosophieren, sondern menschlich gesellschaftlich, worin die Philosophie ein „unabgehobenes" Moment ist...Wir brauchen uns nicht für Genies zu halten, aber jeder hat seine Nummer.

Also jeder hat etwas beizutragen. In diesem Kreis scheint Löwith eine herausragende Rolle gespielt zu haben. Heidegger brachte ihm großes Vertrauen entgegen, ermutigte ihn aber, wie seine anderen Studenten, der Philosophie und den Philosophen gegenüber eine überaus kritische Position einzunehmen. Löwith hat diesen Hinweis sehr ernst genommen und hielt sich daran, wie man Heideggers Brief vom 19. August 1921 entnehmen kann:

> Dem „System", der „Lehre", „Position" nach sind wir vielleicht weit auseinander – aber gerade so zusammen, wie Menschen allein echt zusammensein können: in der Existenz. – Es ist ganz gut, dass Sie gereizt wurden und sich Luft gemacht haben in Ihrem Brief. Auszusetzen habe ich nur das eine: dass Sie mich im Verhältnis zu der Deutlichkeit, mit der Sie mich interpretieren und abmessen, noch viel zu wichtig nehmen.

Das muss man im Kopf behalten, wenn man Fialas Portrait der Persönlichkeit Ansorges/Heideggers studiert. Es fällt zunächst schwer, hinter der mit viel Ironie und Distanz gezeichneten Ansorge-Skizze die soeben geschilderte freundschaftliche Beziehung auf Augenhöhe der beiden wiederzuerkennen.

Allerdings könnte Löwiths Freundlichkeit gegenüber Heidegger auch die Abhängigkeit des Studenten und Doktoranden vom betreuenden Fachordinarius und zahlreichen Zufälligkeiten widerspiegeln, auf die Max Weber in seinem Vortrag *Wissenschaft als Beruf* aufmerksam macht:

> Ob es einem solchen Privatdozenten, vollends einem Assistenten, jemals gelingt, in die Stelle eines vollen Ordinarius und gar eines Institutsvorstandes einzurücken, ist eine Angelegenheit, die einfach Hasard ist. Gewiss: nicht nur der Zufall herrscht, aber er herrscht doch in ungewöhnlich hohem Grade. Ich kenne kaum eine Laufbahn auf Erden, wo er eine solche Rolle spielt. (*Wissenschaft als Beruf*, S. 7)

Bekannt ist Löwiths Charakterskizze Heideggers in *Mein Leben in Deutschland vor und nach 1933.* Kapitelüberschrift: *Heideggers Persönlichkeit.* Sie wird im *Fiala*-Manuskript um einiges umfangreicher beschrieben, wurde aber in großen Teilen vom Autor handschriftlich gestrichen und mit dem Verweis auf den zweiten Lebensbericht versehen. Im Interesse der heutigen Leser und ohne Rücksicht auf noch Lebende nehmen zu müssen, wie Löwith das vielleicht musste, wird in dieser Publikation der gesamte ursprünglich niedergeschriebene Text wiedergegeben.

Wichtig daran ist, dass bereits der 29-jährige Student ein entschiedener Kritiker seines Lehrers war. Einer seiner ersten Kritikpunkte richtet sich auf das von Heidegger geschaffene philosophische System. Es sei im Fundament baufällig, unverständlich und kompliziert. Sein Gesichtsausdruck sei verschlossen und hinterlistig, ja sogar scheinheilig und unaufrichtig gewesen.

Dass der Gipfel seines philosophischen Systems das Problem des Todes ist, kann Löwith nicht akzeptieren, denn Heidegger hat nicht den wirklichen Tod im Sinn sondern nur ein gedankliches Vorausnehmen des Todes. Die Angst vor dem Leben und der Selbstmord finden nach Fiala keinen Platz im

System des Denkers. Nach seiner und damit Löwiths Überzeugung ist die Angst vor dem Leben eine schwerwiegendere Tatsache als die Angst vor dem Tod, die vom christlichen Gedankengut infiziert sei. Heideggers Vorstellung vom Tod lasse jeden Zug von Friedlichkeit vermissen. Resignierend muss Fiala erkennen, dass es ihm in vier Studienjahren nicht gelungen ist, zu seinem Lehrer ein menschliches Verhältnis aufzubauen. Dieser habe sein Leben lang persönliche Verbindlichkeiten abgewehrt. Aber in der Kritik, die seinem Misstrauen entsprang, sei er ein unübertroffener Meister gewesen, der in diesem Zusammenhang von Destruktion der von ihm selbst errichteten Gedankengebäude oder von Selbstdestruktion sprach, wenn er Selbstkritik meinte. Das hatte bereits der junge Löwith, also Fiala, erkannt, dass der „Meister des Seins" dem Mitsein wenig Bedeutung beimaß.

An dieser scharfen Kritik Löwiths gerät man bei der Lektüre des Heidegger-Löwith-Briefwechsels gelegentlich ins Zweifeln. Heidegger schreibt dem Doktoranden Löwith am 23.8.1923 mit Hinblick auf seine Habilitationsabsichten:

> Wenn die Sache bei Ihnen greifbar wird, bin ich selbstverständlich für Sie zur Stelle. Zunächst weiß ich noch nicht, ob Sie sich bei der Wissenschaft zuhause fühlen werden und nicht eines Tages wütend auskratzen... Auf das eine können Sie bestimmt rechnen, dass ich Ihnen helfen werde, wenn Sie sich konkret für die Wissenschaft – welche immer – entschieden haben.

Das Mitsein und seine ethischen Konsequenzen machte Löwith zum Thema seiner Habilitation von 1928. Erinnert sei an den letzten Abschnitt des *Fiala* im Kapitel *Zur Theorie des Selbstmords*:

> Es gehört aber zum Sinn des menschlichen Lebens, in einer Welt von Seinesgleichen zu sein. Ethisch relevant ist nicht der Selbstmörder, sondern das sind nur diejenigen,

> die ihm hätten helfen können, wenn er die Hilfe angenommen hätte.

Das sind frühe Kritikpunkte Karl Löwiths an den Theorien Martin Heideggers. In der Habilitationsschrift von 1928 liest sich das unter Verweis auf Jacob Burckhardt so:

> Ursprünglicher als das Sein bei der „Welt" ist das Miteinandersein, weil die Welt vor allem das Menschenleben ist, welches jeden umgibt und sich als vorherrschende Quelle der Sorge ausweist.

Die Kritik Löwiths an Heidegger wurde nach 1933 noch schärfer und differenzierter. Aber 1969 anlässlich des 80. Geburtstages[104] seines ehemaligen Lehrers äußert Löwith seinen tiefen Dank:

> ...Wenn ich mich trotzdem als Ihren Schüler empfinde, so liegt der Grund dafür nicht in der positiven Aufnahme Ihrer Frage nach dem Sein, sondern darin, dass Sie der einzige Lehrer waren, der mich erfahren ließ, was eine philosophische Vorlesung an Eindringlichkeit und Konzentration bieten kann, dass Sie mir in den Wirrnissen nach dem Ersten Weltkrieg entscheidende Anstöße zur Selbstbesinnung gaben, streng Ansprüche stellten, Maßstäbe setzten und Perspektiven eröffneten, oder – mit einem Ihrer knappen Worte gesagt: dass Sie überhaupt Unterschiede demonstrierten: den Unterschied zwischen dem, was und wer etwas ist und dem, woran nichts ist. Ich möchte mir erlauben, Sie selber mit einigen Sätzen aus Briefen, die Sie mir zwischen 1919 und 1929 schrieben, zu Wort kommen zu lassen; sie gehören zum Kostbarsten, was ich aus meiner Studentenzeit besitze, und

---

[104] In: Zu Heideggers Seinsfrage: Die Natur des Menschen und die Welt der Natur, Löwith GW. Band 8

> ich möchte Ihnen heute ausdrücklich dafür danken, dass Sie den 22-Jährigen Ihrer Freundschaft gewürdigt haben.

Der Student Löwith hatte in Freiburg noch einen zweiten Lehrer, Edmund Husserl. Eigentlich war er der erste in Freiburg, zu dem ihn seine Münchner Lehrer Geiger und Pfänder geschickt hatten. Löwith fühlte sich jedoch von Heidegger stärker angezogen und entwickelte in seinem Umfeld eine ausgesprochene Abneigung gegen Husserl. Sie veranlasste ihn, im *Fiala* den Geheimrat Endlich, der für Husserl stand, mit Sarkasmus und Ironie zu begegnen. Seine später modifizierte und wohlwollende Einstellung zu ihm fasst er in einem Text von 1959 unter dem Titel: *Eine Erinnerung an E. Husserl*[105] zusammen:

> Dennoch ist man dem Älteren und Weiseren zum größten Dank verpflichtet geblieben. Er war es, der uns durch die Meisterschaft der phänomenologischen Analyse, die nüchterne Klarheit des Vortrags und die humane Strenge der wissenschaftlichen Schulung in einer Zeit der Auflösung aller inneren und äußeren Bestände feststehen lehrte, indem er uns zwang, alle großen und geistreichen Worte zu meiden, jeden Begriff an der Anschauung der Phänomene zu prüfen und ihm in der Antwort auf seine Frage statt großer Papierscheine gültiges Kleingeld zu geben.

Das gelebte Leben galt Löwith gleichfalls als Lehrmeister. Das ist zu spüren, wenn er im Brief an Heidegger vom 22./29.8.1925, wieder zurück in München nach elf Monaten Italien, die Eindrücke seines Italienaufenthaltes zusammenfasst:

> Da hatten die italienischen Nächte mehr Leuchtkraft als hier der Tag – ohimè[106] – wie verständnisvoll vermag ich

---

[105] Löwith, GW Band 8, S. 235

[106] oje

> nun die Tagebücher von Goethes italienischer Reise oder die letzten Winckelmann-Briefe … zu lesen. Und ich sehe voraus, dass ich noch in andrer Beziehung in Marburg in analoger Lage sein werde – ohne Echo – irgendwie für mich allein im Besitz eines italienischen Jahres, das kraft seiner zeitlichen Bedeutsamkeit ein Jahr sui generis – in dem ich mehr als in allen übrigen, aber als deren Konsequenz, zu mir selbst gekommen bin – ich möchte es nicht vorweg formulieren – aber ich spüre, dass irgendwie eine wirkliche Lebensepoche einschlug – deren aufdringlichstes Kennzeichen zunächst das Gefühl ist einer veränderten Stellung zur Mitwelt, auch zu den nächsten Befreundeten – ganz von selbst ist vieles abgefallen – einige vorige Beziehungen haben sich versenkt und darin verstärkt – viele andere haben an Wirksamkeit und Wichtigkeit verloren.

Auf Löwiths Italien-Begeisterung antwortet Heidegger am 6. November 1924:

> Aber ich merkte doch aus Ihrem Brief, dass Rom trotzdem nicht seine Wirkung auf Sie verfehlte. Dass Sie selbst den Weg zur Einfachheit – auch der menschlichen Beziehungen – gefunden haben, ist das Wertvollste. Damit kommen die Möglichkeiten des rechten Arbeitens von selbst. Wichtige Arbeit gedeiht nur, wenn man gelernt hat, im Ernst einsam zu sein.

Weitere Anstöße zum Lernen und Philosophieren über den Menschen und seine Mitwelt fand Löwith im italienischen Dramatiker Luigi Pirandello, über den er im *Fiala* schreibt: „In Pirandello hat das moderne Italien den unerbittlichen Analytiker der Problematik alles menschlichen Daseins.“

Dasein und Mitwelt, das werden die großen Themen, die Löwith in seiner Habilitationsschrift *Das Individuum in der Rolle des Mitmenschen* diskutiert und analysiert. In diesem Buch ist das gesamte Kapitel 23 der Analyse von Pirandellos

Theaterstück *Cosi è (se vi pare) – (So ist es, wenn es Ihnen so scheint)* gewidmet. Eine zitierte Kernaussage Pirandellos sei an dieser Stelle hervorgehoben:

> Wir verbauen uns ständig, indem wir selbst und die andern, mit denen wir zusammen sind, etwas „aus uns machen", was wir „an sich" gar nicht sind.

Über Pirandello geht es auch in Löwiths Brief vom 22./29.8.1925 an Heidegger:

> …ein Dramatiker und Verfasser von sehr durchdachten und philosophischen Novellen…der schrieb u. a. eine Parabel „*Così è, se vi pare*" – darin wird mit äußerster Klarheit und Schärfe und Anschaulichkeit das Problem entwickelt: „was weiß eigentlich einer von dem andern" … ich war kindlich erfreut, meine Mitwelt-Analysen so gut bestätigt zu finden.

Der Schluss der Fiala-Erzählung dokumentiert erneut Karl Löwiths Liebe zu Italien und seiner Kultur. Die dem Dichter Torquato Tasso und dem humorigen Filippo Neri gewidmete Inschrift komprimiert jene Lebenseinsicht, die Karl Löwith in Italien bestätigt fand: das Leben und seine Nöte durchdenkend ertragen und seine heiteren Seiten nicht übersehen. Mit dem bereits erwähnten Dante teilte Löwith die Liebe zur Philosophie, zur Literatur und zur Naturwissenschaft.

Literatur

Bormuth, Matthias und von Bülow, Ulrich (Hrsg.): Marbacher Hermeneutik zwischen Tradition und Krise, Göttingen, 2008

Gadamer, Hans-Georg: Philosophische Lehrjahre, Frankfurt a. M. 1977, 2. Aufl. 1995

Danzer, Gerhard: Identität – Über die allmähliche Verfertigung unseres Ichs durch das Leben. Berlin Heidelberg 2017

Danzer, Gerhard: Karl Löwith, in: Wer sind wir? Anthropologie im 20. Jahrhundert – Ideen und Theorien für die Formel des Menschen, Berlin, Heidelberg 2011

Donaggio, Enrico: Karl Löwith et la philosophie. Une sobre inquietude, Paris 2013

Donnagio, Enrico: Una sobria inquietudine, Mailand, 2004

Fox, Kevin W.: Karl Löwith, A Prosperous Mind in a Destitute Time, Dissertation der Universität Heidelberg, 2012

Hausmann, F. R.: Zur Neuausgabe von Karl Löwiths Exilbericht *Mein Leben in Deutschland vor und nach 1933,* in: Internationale Zeitschrift für Philosophie (IZPH)- Heft 2/2007

Jaspers, Karl: Strindberg und van Gogh – Versuch einer vergleichenden pathographischen Analyse, 1949, 2013, erstmalig erschienen 1922 in Sammlung von Schriften zur angewandten Psychiatrie

Jaeger, Michael: Karl Löwiths Bekehrung – von Nietzsches Radikalität zu Burckhardts Resignation, in: Autobiographie und Geschichte, 1995

Löwith, Karl, Das Individuum in der Rolle des Mitmenschen – Ein Beitrag zur anthropologischen Grundlegung der ethischen Probleme. Mit einer Einführung von Giovanni Tidona, Freiburg, München 2013/2016. Siehe auch Gesamtausgabe, Band 1, Mensch und Menschenwelt

Löwith, Karl: Mein Leben in Deutschland vor und nach 1933, Frankfurt a. M. 1989; Neuausgabe Stuttgart, Weimar 2007

Kaegi, Dominic: Karl Löwith, Fiala, Die Geschichte einer Versuchung, in: Internationale Zeitschrift für Philosophie, Heft 1/1997

Ries, Wiebrecht: Karl Löwith, Stuttgart 1992

Tidona, Giovanni: Eine Einführung. In: Karl Löwith, Das Individuum in der Rolle des Mitmenschen, 2. Aufl. 2016, Freiburg i. Br., S. 11-79

Weber, Max: Wissenschaft als Beruf, Politik als Beruf. Bearbeitet von J. Vahland, Stuttgart, Düsseldorf, Berlin, Leipzig 1995

Bilder

der Familie Löwith, einschließlich das Bild Löwiths in seinem Arbeitszimmer, erhalten von Frau Krautter, Rechteinhaberin des Fiala-Manuskripts.

Karl Löwith als Unteroffizier im Ersten Weltkrieg

Der Vater, Wilhelm Löwith

Die Mutter, Margarete Löwith, geb. Hauser

Die Schwester Karl Löwiths

„Die Erzväter von Kunst und Wissenschaft“, Homer und Aristoteles

Universität Freiburg „aus roten Sandsteinquadern…wie aus einem Ankerbausteinkasten zusammengefügt…“ „In vergoldeten Lettern“ verkündet die verbal immer noch bibelfeste Alma Mater: „Die Wahrheit wird Euch freimachen.“

Karl Löwith in seinem Studentenzimmer, vermutlich in Freiburg

Die Häuser mit den Giebeldächern in Marburg

Sabiner Berge

Gedenktafel *Im Schatten der Eiche* für Torquato Taosso und Filippo Neri

Die Tasso-Eiche auf halbem Weg zwischen St. Onofrino und Acqua Paolina in Rom.

Danksagung

Angeregt zur Publikation des Fiala wurde ich durch den Arbeitskreis für Tiefenpsychologie, Berlin (Leitung Professor. Dr. Josef Rattner) und den dort diskutierten Band Existenzphilosophie (2008) von Josef Rattner und Gerhard Danzer. Darin ist ein Kapitel dem skeptischen Philosophen Karl Löwith gewidmet. Josef Rattner danke ich außerdem dafür, dass er mich mit der Aufgabe der Selbsterforschung und des Mitmensch-Werdens im Sinne Alfred Adlers bekannt gemacht hat.

Mein Dank gilt auch Prof. Dr. Gerhard Danzer, der mich während seines Potsdamer Jours unterstützt und motiviert hat, das Fiala-Projekt zu realisieren.

Ebenso danke ich den Potsdamer Jour-Teilnehmern für ihre kritische und geduldige Begleitung des Textfortschrittes.

Mein besonderer Dank gilt meinem Freund Hartmut Siebenhüner, der Lektorat, Satz und Layout kompetent ausgeführt hat.

Last, not least danke ich meiner Frau Esther, die meine Texte trotz eigener beruflicher Belastung kritisch gelesen hat.